Shenzhen
Ten Peaks

Comprehending this
City from Treks

Mumu

深圳十峰

从山海阅读城市

木木 著

深圳出版社

山水不知翰墨香
偏偏骚客为卿狂
千峰踏破浮云散
万里乾坤入海塘

序

诗意生活的寻访者

胡野秋

　　从文字中进入深圳的通道很多，每一条通道都关联着一种意象，有蛇口半岛的开山炮，有摩天大楼的霓虹灯，有一夜之城的传奇，有蔚蓝海洋的波涛……但是独从山峰开始叙述深圳，这仿佛还是第一本。

　　此刻，这本厚重的《深圳十峰：从山海阅读城市》（以下简称《深圳十峰》）放在我的书桌上。翻开书页，清冽的山风立时从字里行间扑面而来。作者前所未有地将深圳十峰收拢一处，细细点评，而且这十座山峰都是他用脚步丈量过的。换句话说，这本书不是他写出来的，而是他一步一步登出来的。

　　说来惭愧，我在深圳生活了整整 30 年，素来喜欢东游西荡，而且写过《深圳传》，自诩为深圳主义者之一，但木木兄笔下的这十座山峰，一半我都没登临过。以此推断，深感惭愧的深圳人恐怕不在少数。与此同时，也有一个疑问在脑中盘桓不去：一个初识深圳的人，为什么会弃高楼于不顾，直奔山峰而去呢？

　　及至我见到了木木兄本人之后，问号霎时消失。木木兄是资深的公务员，但浑身散发着文人的真性情，甚至某些时候更接近旧时文人。他酷爱写旧体诗，而且是我见到的今人写旧诗最自然熨帖的一位。当然他也爱酒，闲来小酌，每每妙语连珠。看得出他在努力向李白、苏轼、白居易等人看齐，诗酒相长，越发有趣。

　　这样一来，我彻底理解了木木兄为何会独辟蹊径。因为古人如果今天与这座城市相逢，也许同样会从山峰间走进深圳。在这一点上，木木与古人相通。

中国哲学讲天人合一，天是大自然，而山作为天的代表，尤其受古代文人钟爱。无论是《论语》中"仁者乐山，智者乐水"的洞见，还是屈原《九歌》中"表独立兮山之上，云容容兮而在下"的超拔，抑或陶渊明"采菊东篱下，悠然见南山"的恬淡，乃至杜甫"会当凌绝顶，一览众山小"的气概，莫不折射出古代文人对高山的膜拜、敬畏与眷恋。山的伟岸、沉雄、壮阔、包容，无不使文人们获得境界的提升和灵魂的归依。山是他们创作的源泉，也是他们精神的支柱。巍巍乎高山，在他们的心中不仅是山石、树林、溪涧，更是家国。

可以说在每个大诗人的心中，都有一座属于自己的山，这座山使他们面对任何坎坷与曲折，都能从容以对、心如磐石，并最终获得永恒感。这种对山情有独钟的执着情怀，贯穿了中国文人的全部生活，体现在他们的诗词书画中，出现在他们的田园家居中，并进而影响了中国城市的设计与规划、布局。

几千年来，中国人筑城有两条铁律并行：依山筑城，逐水而居，也就是所谓"依山傍水"。山水是中国城市的骨骼和血管，抽去山水，则城市死矣。

我一直认为，一个城市如果没有一座像样的山，一定是平淡而乏味的。再好的高楼，再宽的街道，如果没有山的依凭，全都没有了灵魂，那样的城市便空有躯壳而已。

幸好深圳有梧桐山，有莲花山，有木木笔下这深圳十峰，以及十峰之外的马峦山、排牙山等。这些山，或峰高林幽，或玲珑剔透，或清秀雅致，或万花纷披。它们离繁华都市如此邻近，进一步是车水马龙，退一步是鸟鸣溪流。在山的怀抱中，朝九晚五的都市人得以放慢脚步，缘小路而上，在林间穿越，最终到达峰顶。此时，他们疲累的身体被注入了生命的元气，他们委顿的心灵重新获得了出发的力量。每座山峰的每条山道，都是这座城市与自然之间的脐带，因为有了它们，城市会永远生长，绝无止境。

木木兄用他的《深圳十峰》，为山与城找到了互相依存的秘密。

首先，作者不是以一个登山者的姿态接近这些山峰，他是在这些山峰之间寻找着历史沿革与人文脉络。他不着痕迹地考据求证，告诉读者每座山的来历、性格、故事，并且努力挖掘隐藏在这些山峰之间的诗意。他不仅为这座城市勘测着地理高度，更为这座城市找到了人文高度。在我看来，木木兄绝不是普通的登山者，他其实是诗意生活的寻访者。

其次，千万不要以为这是一本枯燥的地理书，这本书的文学性毋庸置疑。木木兄的文字充满着灵动与感性，每一篇都可以当作绝美的散文来读，佳段妙句俯拾皆是，恕不悉数。木木让我想到了徐霞客，假如只是单纯为了寻奇访胜、穷究地貌，而没有那些精妙文字，徐霞客充其量只是一位地理学家，更不能成为中国旅游文学的开山鼻祖。

另外，令人叹服的是，木木兄为深圳十峰赋诗。这些格律严谨的诗，有赖于他的长期古诗训练，平仄、韵律既工且巧。更难得的是，这些诗用词典雅而不佶屈聱牙。旧体诗中除了唐宋名篇之外，我独爱《古诗十九首》，那些朴素自然、浑然天成的诗句，曾经唤起我写旧体诗的热情。木木兄的旧体诗便有这种平实清新的自然之态。木木为深圳十峰赋诗，让我想起海子的诗句：给每一条河每一座山取一个温暖的名字。这种对自然直白的倾心与爱慕，投射出木木与海子同样的赤子之心。

读完《深圳十峰》，掩卷之下，我迫不及待地想，要像木木兄那样赴一场山海之间的邀约。

还等什么，明天，我们登山去。

草于深圳松坪山无为居

2022 年 7 月 25 日

目录

Shenzhen
Ten Peaks

Comprehending this
City from Treks

Mumu

绪章

趁得三秋好　相邀上十峰

溪流何宛转　草木正葱茏

青黛裁新邑　嫣红入远空

逶迤霄汉外　腾跃碧波中

迢迢霄汉於搖躍若波中

春風栽新邑媽祖入遠煙

溪海何窮耕草木正奠范

趁河三秋好松題三十峰

末木詩 深圳十峰之約 辛丑冬月 寶光書

深圳地形东西狭长，山海相依，俨然南海边一条巨龙。这条巨龙以东南端高耸的七娘山脉为头，以西北部台地丘陵为尾，蜿蜒起伏贯穿整个城市。总体上头高尾低，中部则有梧桐诸峰隆起，仿佛龙脊蜷曲，蓄势待发。深圳十峰，如同一个个有力的关节，支撑起巨龙的庞大骨架。

"深圳十峰"作为一个专用名词，出现的时间并不长。2020 年 3 月 28 日至 4 月 5 日，由深圳市登山户外运动协会与深圳晚报联合发起，上万名市民参加网上投票，评选出深圳最有代表性的十座山峰。依得票顺序，梧桐山、七娘山、阳台山、塘朗山、梅沙尖、莲花山、大南山、凤凰山、大雁顶、大笔架山入围。打卡深圳十峰，从此受到众多登山爱好者推崇，并日益成为人们认识这座滨海大邑的新名片。

遍览深圳十峰，山环水绕，城在其中，各具形胜。从山水与城区的比例看，十峰大致分为三类：一是以山水为主，城市只是山水的点缀，七娘山、大雁顶、大笔架山都是这样的；二是以城市为主，山水成为城市布局的一部分，凤凰山、大南山、莲花山属于此类；三是介于两者之间，山水和城市均占有较大比重，相辅相成，包括梧桐山、阳台山、塘朗山、梅沙尖。

第一类三座山峰都在大鹏半岛上，山海奇观、地质演变、茂林溪流中，时有古老村落点缀，呈现出天人合一、人类与自然和美与共的互动场景。

七娘山原名大鹏山，主峰由七个秀美的山头组成，逶迤错落，兀立于碧波之上，宛若七仙女出浴。陡峭的石阶咄咄逼人，直达山顶，如一挂长长的天梯，悬于白云绿野之间。茂密的森林植被和火山地质遗迹是七娘山两大看点，瀑布云更是其独特自然景观。山下的大鹏湾与香港印洲塘海岸公园无缝衔接，海天相映，百屿熨波。曲折的海岸线勾勒出一条条绿色山谷，仿佛大地的皱纹，山谷间偶有社区建筑，岚雾轻飞，直如仙境。

大雁顶位于深圳陆地最东头，是七娘山脉第二高峰。由此西望，峰峦沟壑绵延，林森森，草萋萋，水潺潺，雾霭霭，置身其间，让人流连忘返。往东则海天一色，南为烟波浩渺的南中国海，北为群岛散布的大亚湾。各种海上娱乐设施，画龙点睛般装点着一湾无敌海景。居高临下，大雁顶成为深圳十峰中视野最辽阔、山海大观最集中的所在。特别是鹿咀附近海域，因是周星驰拍摄《美人鱼》的主要外景地，不少摄影发烧友到这里拍照摄像，还经常有人来拍婚纱照或广告片。

大笔架山位于深圳与惠州交界处，是深圳十峰中唯一没有铺设水泥硬化路面或石阶的山峰。山形高耸，山路原始，攀登过程中每每穿云破雾，颇有成就感。山脚下的坝光村是著名的桃源水乡，各种红树林、绿草滩涂与蔚蓝海水相映成趣，被誉为"鹏城九寨沟"。迂回曲折的山路，通向一条鼎鼎大名的徒步穿越径——三水线，户外运动圈称之为深圳驴友毕业线。千峰万壑恣意铺展，大大小小的山乡小镇，珍珠般散落于绿野之间，孕育着无限生机。

第二类三座山峰严格说来不算山，更像是起伏的市区公园。不只是因为海拔不高，更由于它们承载的人文色彩太浓，游人的注意力被周边高楼大厦吸引而热衷于城市故事，无暇于山野之趣了。

凤凰山位于珠江口东岸，山势平缓，植被丰茂，素有"宝安第一山"之称。不少市民以此作为晨练场所，开启新的一天。半山腰的凤岩古庙建筑群，是深圳历史最悠久的观音道场，与山下的文氏古村和山顶的落霞古韵一起，构成了凤凰山儒释道共融的立体景观。凤凰山以弘扬福文化见长，从山门到凤岩古庙999级麻石台阶，每级都刻有一个小小的"福"字，各景点也以不同方式寄托祈福的寓意。落霞时分，登高远望，苍山如海，残阳如血，浮岚如缕，洋洋珠水盈波，勃勃鹏城张翼，一种天地造化、大浪淘沙之感扑面而来。

大南山取"寿比南山"之意，修建了许多反映寿文化的亭台碑刻，与凤凰山的福文化形成对应。大南山位于南头半岛，半岛北部有南头古城，一向是古新安县县治所在地，海上丝绸之路的重要港口。而东南部的蛇口工业区和西南部的前海合作区，在中国改革开放进程中具有标志性意义。齐天亭上，极目鸟瞰，赫然可见深圳城市重心西移的脚步：南山、宝安中心城区摩天大楼鳞次栉比，深圳湾高级总部基地蓄势待发，航空新城、会展新城、海洋新城从湾区之眼顺江而上，给玉带般的沿江公路注入蓬勃的生机活力。

　　莲花山是深圳讲述春天的故事，引领中国改革大潮的象征。山上的邓小平塑像和习近平手植树，使得这座海拔只有 106 米的山头，成为全深圳最巍峨的高峰。深圳经济特区建立前，这里不过是一块普通高地，分属三个村，各有其名：南坡属岗厦村，称大王岭；北坡属上、下梅林村，分别称莲花梁、九江垅。现在的莲花山公园是 1992 年邓小平视察南方后不久破土动工的，1997 年香港回归前夕正式开放。建成不过数年，就名动大江南北，入选全国红色旅游景点景区名录。从山顶广场向南眺望，一条城市中轴线穿过深圳市民服务中心大楼，连接香港青山绿水，直达遥远天际，大楼外观如展翅的鲲鹏，气魄宏大，寓意深远。

　　第三类四座山峰，可以看作深圳山水文化的代表。与其他六峰相比，这四峰的自然与人文结合得更加完美，而且难易适中，特别受普通登山爱好者青睐。

高天丽日绿丛丛，浅浅深深各不同

异峰突起唤梅尖，龙脉蜿蜒入海天

万里碧道

海天之间

　　梧桐山位于深圳中部，是由大梧桐、豆腐头（亦称中梧桐）、小梧桐等十余座山峰连绵迂回而成的庞大山体。好汉坡上，有"鹏城第一峰"之称的大梧桐昂首向天。万绿丛中，飞瀑如练，故道斑驳，动植物资源极其丰富，名列广东十大最美森林旅游目的地之首。梧桐烟云轻抹浓绕，毛棉杜鹃沐晖弄霞，弘法禅寺香火袅袅，在在让人流连忘返。俗话说得好，无论去过多少次梧桐山，都不会后悔再去一次。对深圳市而言，如果说深圳河是母亲河，梧桐山则是祖山。发源于梧桐山的深圳河，本应是渔歌水乡，却变成风雨界河，每每让人感怀不已。从小梧桐顶俯瞰，视线沿深圳河谷一路西去，山回水转，仿佛看到一个多世纪以来的沧桑：鸦片战争的硝烟，东江纵队的传奇，三趟快车承载的同胞情，百万大逃港书写的辛酸史，改革开放潮起珠江，"一国两制"起伏跌宕……

　　阳台山主峰分大阳台和小阳台，主要景点集中在小阳台周边，但大阳台是观赏深圳全景的最佳位置。凭栏而立，俯瞰千峰叠翠，百水环绕，城郭俨然。极目而望，北及东莞城区，南到香港新界，东有梧桐诸峰，西泛珠江碧波。盈盈湖水溪流，穿行于楼厦之间；缭缭雾岚云霞，萦绕于群山之上。阳台山风光美轮美奂，人文历史亦十分悠久。过去被视为新安县的风水山，近代以来留下了诸多革命斗争遗迹。抗战期间震惊中外的文化名人大营救，就是以阳台山作为主要中转站。一年一度的阳台山登山节，将山水风光、历史人文与文体活动融为一体，影响力已辐射到整个珠三角地区。

　　塘朗山并不高，但地处中心城区，从一片街道楼宇中突兀而起，便有了木秀于林的感觉。山顶有亭，名极目阁，宜观景，四周皆有生动之处。深圳市政府拟在此建造城市看台，既可观赏大都市的摩天楼宇簇群，又能看到山海连城风光和自然保护区的红树林湿地，为深圳打造一张"全球标杆城市"新名片。塘朗山往东至梅林山一线，是深圳经济特区曾经的边界，残存的铁丝网、巡逻道等遗迹仿佛在诉说着当年拓荒牛的故事。两山相连，似一道绿色屏风立于新旧城区之间，而连接处稍呈凹状，又形如大鹏，展翅欲飞。

　　梅沙尖临近大梅沙海滩，数座山峰连绵起伏，主峰峰形尖突，远望如一柄巨大的尖锥从莽苍的山体中挺拔而出。自盐田港北上，翻越梅沙尖进入一片山间盆地，名三洲田。清朝末年，这里是由七个自然村落组成的山寨。庚子年间，孙中山在此宣传革命，发动起义，打响了推翻清王朝的第一枪。而今，这一带已被打造成对标世界的生态旅游区——东部华侨城，集观光旅游、户外运动、科普教育、生态探险、休闲度假于一体，欧洲城堡式建筑和五彩缤纷的游乐设施掩映在青山绿水之间。登上梅沙尖，分明感受到深圳历史时空的巨大张力，"杀出一条血路"的创新精神和放眼全球的开放胸怀，也许早在庚子首义的烽烟中就已经萌芽了。

文化是城市的灵魂。打卡深圳十峰，以青山绿水为媒，放眼历史时空，去追寻深圳的文脉和精神。当然，深圳多山，远不止十峰，如银湖山、马峦山、排牙山等，名气都不小，也各有特色。评选深圳十峰，大概只是为了取一个整数。不过，这十座山峰对鹏城山势水脉、地理人文的演绎，确实是有代表性的。当你用脚步去丈量，用眼睛去发现，用心灵去感知，你会发现一个立体生动、大开大合的深圳。

深圳人才公园

深圳被称作"一夜城"，既表明这是一座年轻城市，也指它的建设速度快。作为中国改革开放的标志性城市，深圳一直有两个清晰意象：深圳速度与深圳创新。这无疑是深圳的活力之源，却也赋予了深圳不确定的属性。曾听一位艺术家朋友说，深圳是不可以界定的，当它可以界定的时候，就不再是深圳了。在四个一线城市中，北京、上海、广州各有自己的文化特色和腔调，深圳作为一座建设中的城市，似乎还没有形成标识性的城市风格。

的确，深圳的城市特色一直以不可想象的速度聚集和演化着。浓厚的学习氛围，不断的变化与创新，是深圳区别于其他城市的典型特征。面对这座日新月异的城市，如果问它有什么，可以罗列很多；若问它是什么，却很难说得清楚。以食物类比，年轻的深圳更像一盘沙拉，而不像一锅浓汤，各种食材很丰富，但没有融为一体，还需要时间的熬制。

尽管如此，深圳经济特区毕竟走过了40余年不平凡的路，城市风格虽然没有完全定型，但已在很多方面有了自己的特色。

事实上，深圳人具有高度的城市认同感，无论是公务员、企业家、专业人士，还是打工者，都以身为深圳人而自豪。这种自豪是由衷的，不会凭空产生，一定建基于某些城市特色之上。

以上对深圳十峰的介绍，让我们大致领略了这座新兴滨海大都市山、水、城一体的鲜明特色，感受到耀眼的 GDP 背后别样的历史文化和人文情怀。触摸深圳，了解深圳，感悟深圳，十峰或许是一个很好的入口。从十峰阅读城市，把爱山乐水的悠远情怀，融入当下世事变迁之中，定会有意想不到的收获。所谓俯首不知深圳好，登高始觉鹏城秋。深圳十峰恰逢特区40 岁生日之际出现，莫非有着特别的寓意？

把深圳十峰作为入口，进一步把握深圳的城市特色，不妨用三组词来概括：山海连城，疏密有致；经济创新，文化集聚；奋斗之都，宜居之地。第一组词讲城市的面貌，第二组词讲城市的内涵，第三组词讲城市对我们的意义。

虹桥

栈桥

山海连城。关于这一特色，覃伟中市长在《2022年深圳市政府工作报告》中有如下表述：建设公园城市，实施"山海连城"计划，贯通"一脊一带二十廊"城市生态脉络。所谓"山海连城"计划，简言之，就是连山、通海、贯城、串趣，让山水自然本底形成更加完整连续的生态网络，让山海林田湖草城市成为和谐共生的生命共同体。其中"一脊"是山脊，以深圳十峰为主体，通过多样化的生态安排，把山脉、自然保护地、森林公园、郊野公园等串联起来，贯穿深圳东西部，绵延100多公里。"一带"是水带，以深圳河为主脉，从东到西连接大亚湾、大鹏湾、深圳湾、前海湾直至珠江口，形成汇聚海湾、半岛、湿地、沙滩的滨海生活带。"二十廊"则指在两大山水主脉之外，分布于各城区的众多较小的山体和水体漫游径。市民在山、水、城变换之中，感受这座滨海城市的独特魅力。

山铸筋骨，水泛神韵，因一城而结缘，所以深圳是稳重的，也是轻盈的。就像光明区虹桥公园那座4000米长的钢铁栈桥，通体透红，蜿蜒盘旋，把山坡、沟壑、湖泊串联起来。钢铁是那么坚硬，红色是那么热烈，却能柔软如练，与苍翠的青山绿水融为一体。一条红彤彤的巨龙，让周边山色水韵变得如此生动，不由你不感念万事万物间的缘分。城市与山水，好比王阳明论花：君未看花时，花与君同寂；君来看花日，花色一时明。

赤龙腾跃上云空　　但舞红绸万绿丛
飞渡长桥春更好　　无缘却在有缘中

疏密有致。中国画讲求疏密相生，每以强烈的虚实对比增强作品表现力，故有"疏可跑马，密不透风"的说法。"密"是指紧凑安排画中元素，让主题高度集中，形成视觉撞击力；"疏"则是大胆留白，以虚空衬托密集，像音乐中的休止符，让人有更多想象空间。深圳之密，密在梅林关的车水马龙，密在罗湖桥的人来客往，密在城中村的店铺霓虹，密在粤海街道的高新技术企业（以全市 0.6% 的土地面积创造了 11% 的经济体量）。深圳之疏，则疏在绵延的山脉和广阔的水体，当你漫步在串联全城的林荫碧道上，徜徉于深圳湾畔蜿蜒的滨海长廊，为大鹏半岛的盎然绿意所陶醉时，你会怀疑这怎么会是寸土寸金的深圳？然而，这就是深圳！

赤龍矯矚入雲空但舞
紅綢為綠叢花渡長橋
春更好芳緣卻在眉
緒中

木木詩 虹橋公園記
壬寅仲夏 墨生書

　　其实，早在上世纪八九十年代，当老东门每天客流量达到 30 万人次，罗湖口岸每天通关 70 万人次时，后来成为深圳中心城区的福田西部还是一片荒郊。本世纪初期，大芬村油画仿制产业异军突起，垄断了全球 70% 的市场，华强北电子一条街日均资金流量达 10 亿元人民币，500 米的街道创下 500 亿元年产值，今天日进斗金的南山区几乎还是一片建筑工地。而在这连绵成片的荒郊和工地上，则有蛇口码头和深圳大学拔地而起，像两座繁华的孤岛。如此疏密有致的城市布局，或许可以解开这座城市多年来苦于发展空间不足，却能保持经济高速增长的秘密。

　　经济创新。深圳 2021 年地区生产总值首次迈上 3 万亿元台阶，规模以上工业总产值连续三年为全国城市首位。从数字上看，深圳地区生产总值不但稳超同属湾区城市的广州和香港，而且超过 170 个国家和区域组织，位居全球城市第十、亚洲第四、中国第三。从作用上看，深圳不仅是大湾区的核心城市，也是全国的核心城市，是国家内外循环的交汇枢纽和经济发展的重要引擎。并且，深圳作为中国特色社会主义先行示范区、

城市雕塑：闯

大运会火炬塔

国家综合改革试点城市、大湾区高水平人才高地，发展空间非常广阔。随着粤港澳大湾区建设的推进，深圳的战略性新兴产业引领作用更加凸显，制造业竞争力稳步增强，现代服务业快速发展，这里已然成为全国最有活力的经济大台之一。

《深圳商报》以"五力"描述深圳经济，体现出浓厚的"特区"基因。一是韧力，来源于"四个为主"的产业体系：全域以高新技术、金融、现代物流、文化创意等四大支柱产业为主，经济增量以新兴产业为主，工业以先进制造业为主，第三产业以现代服务业为主。二是活力，深圳的"土特产"是企业家，商事主体的数量和密度居全国大城市之冠，民营经济比重在主要城市集群中遥遥领先。三是动力，随着"基础研究＋技术攻关＋成果产业化＋科技金融＋人才支撑"全过程创新生态链不断完善，在创新能力跃升、产业转型升级、经济结构优化、经济质量全面提升方面不断取得突破。四是潜力，着眼于全球高端价值链，持续优化产业结构，构建具有世界竞争力的现代产业体系，推动形成前沿科技领域的"中国标准"。五是张力，作为中国对外开放的窗口，深圳始终把发展置于全球坐标系中，开放的大门越开越大，进出口总额多年独占全国城市鳌头。

文化集聚。俗话说缺什么补什么，深圳一直为去掉"文化沙漠"标签而努力着。那种急迫心情，仿佛从满大街的雕塑作品和创意建筑中拥挤而出。深圳文化建设的力度和规模，冠绝全国。从硬环境看，对标世界先进水平，紧锣密鼓建设新时代十大文化设施；着力打造十大特色文化街区，立体展示深圳的历史文化、商业文化、艺术文化；五大博物馆同时开建，总规模达 10 万平方米，以一市之力，达国博面积之半。从软环境看，深圳已成为全民阅读最普及的城市。2000 年创办读书月活动，迄今每年参与人次逾千万，联合国教科文组织为此授予深圳"全球全民阅读典范城市"称号。各路文化人近几年持续南下，经济基础好是一个原因，文化元素聚集也是有目共睹的，大有打造"圳派文化"的气势。

从发展潜力上讲，深圳无疑是一座文化富矿。岭南文化源远流长，相关文化元素从建筑、家具、民俗中顽强地生长出来，品茗、挂画、插花、焚香等修身养性的雅事日益受到推崇；移

深圳蓝

野槟

民文化独具特色，从特区建立时宝安县区区 30 万人发展到今天全市实际管理人口 2000 余万人，成为近百年来中国最大规模的主动移民潮，文化基因突变前所未有；特区文化方兴未艾，从科学技术创新到产品设计创意，从商业模式探索到管治体制改革，闯的精神，创的干劲，干的作风，无不先行示范，引领时代潮流；"一国两制"文化更是独领风骚，深港双城故事不断续写新篇章。这些多元文化元素荟萃交融，相信在不远的将来，又一颗堪与广州、香港媲美的文化明珠必定在南海之滨熠熠生辉。

奋斗之都。这是最无须论证的城市特色。40 多年前，当蛇口弄潮儿率先喊出"时间就是金钱，效率就是生命"的口号时，深圳人拼搏奋斗的形象就根深蒂固了。深漂、拓荒牛、搞钱……这些热词赋予了深圳人基本的形象定位。每年春节返工，深圳是最热门的沿海城市之一，而且长期位居前列。新冠肺炎疫情下，深圳人的流调是"上班——下班——猪脚饭"，面对随时可能发生的社区封控，他们"上班带行李，下班带电脑"。

宜居之地。深圳是一个没来没感觉、来了不想走的城市。当然，宜居的环境并不是自然而然的，而是随着城市发展逐步建设起来，天时地利人和综合作用的结果。当一座城市生态环境好，公共服务到位，社会有活力，人际关系开放包容，就具备了宜居的基础。身处其中，你会生出一种清澈透明的安全感和天高海阔的舒畅感。何况，中央还要求深圳经过五到十年不懈努力，率先基本建成法治城市、法治政府、法治社会，努力打造成为新时代中国特色社会主义法治城市典范，更让这种宜居获得了稳定的法律支撑和保障。

深圳曾经是一个拿来主义的城市。且不说产业升级以"产品模仿，进口替代"作为主要路径，各方面改革从思路到做法大抄香港作业，只要走进世界之窗和园博园缩微景观群，你就仿佛看到了这种拿来主义的文化标本。不过，这都是历史了。随着创建社会主义现代化强国的城市范例加速推进，一个元气满满、个性鲜明的新深圳，正大步向我们走来。

深圳十峰

　　梧桐烟云

云林带音路春眼门
烟茂玉梵情海坚东
起落飞送悲粤招老
秀辉翩翩裒水城前在
竞争翩翩裒一双坡犹
峰凤瀑香蜒坷汉情
三百长陈蜿坎好此

Shenzhen
Ten Peaks
Comprehending this
City from Treks

Mumu

梧桐山

三峰竞秀起烟云

好汉坡前抬望眼　此情犹在老东门

蜿蜒一水悲情路　坎坷双城粤海春

长瀑翩翩飞玉带　陈香袅袅送梵音

三峰竞秀起烟云　百凤争辉落茂林

鹏城第一峰

爱山之人，每到一地，必访名山，可称为拜山。来深圳之后，我已三上梧桐山。第一次经好汉坡登大梧桐，第二次沿杜鹃谷登小梧桐，第三次从仙湖植物园入弘法寺。时逢夏末秋初，南国多雨，每次去都是晴雨交加，云遮雾罩。好在登山路径修葺得极好，并无不便，反而缓解了暑热，还让我充分领略了"梧桐烟云"作为深圳八景之一的魅力。

最能代表深圳山水人文景致的，当属2004年评出的"深圳八景"和2020年评出的"深圳十峰"。八景是专家评定，十峰是市民票决。梧桐山在两场评选中都入围了，而且十峰评选以97.1%的得票率高居榜首。其实，早在清代《新安县志》记载"新安八景"时，梧桐山就以"梧岭天池"名列其中。

梧桐山脉位于罗湖、盐田、龙岗三区交界处，自西南向东北逶迤隆升，呈群峰绵延之势。其中三大主峰依次为小梧桐、豆腐头（亦称中梧桐）、大梧桐，海拔分别为692米、706米、944米，向以"三峰秀拔"著称。大梧桐作为深圳最高峰，与香港最高峰大帽山（海拔957米）遥遥相对。两山相峙而成谷地，深圳河蜿蜒其间，河两岸原本山水一体，如今却已风物迥异。

　　登梧桐山的路径很多（驴友统计有 17 条），东南西北四面皆可上山，比较为人熟知的是前几年专为开发梧桐山旅游而整修的 5 条：一是从云登石场到小梧桐顶，长约 4.5 公里；二是从五亩地到小梧桐顶，长约 7 公里；三是从梧桐山管理处盐田站到大梧桐顶，长约 5 公里；四是从沙头角到大梧桐顶，长约 8.5 公里；五是从泰山涧到大梧桐顶，长约 7.5 公里。每条山径的景观都不尽相同，但山径是互通的，游客可以按自己的兴趣转换。

　　不同季节，不同路径，不同心情，登梧桐山会有不一样的感受。整个梧桐山景区，湖光山色相映，峰峦亭台俨然，飞瀑高悬，丽鸟合鸣，景观独特性与生物多样性兼具，先后被评为国家森林公园和国家级风景名胜区。如今梧桐山风景区的主入口建在北面的梧桐山村，立有高大的石牌坊山门。但各景区相对独立，除生态保育区外，自西而东，大致由五部分组成：东湖公园景区、仙湖植物园景区、小梧桐景区、大梧桐景区、梧

梧桐山山门

梧桐村

桐山东南麓景区。大梧桐景区的"梧桐烟云"和小梧桐景区的
"倚天招凤"，是最有代表性的景观。

　　梧桐山之美，首先缘于独具特色的地形地势。大鹏湾如巨
大的喇叭口，源源不断从东南海面送来暖湿气流，却被雄浑挺
拔的山体挡住。气流沿峰峦沟壑而上，形成云雾，或轻烟淡抹，
或浓雾缭绕，常年不绝。云姿雾态瞬息万变，峰形峦影出没其
中，若隐若现，令人目不暇接。山中溪涧杂然，水流成潭，或
应山势呈飞泉、叠泉、滚泉等景观。三峰来海上，一涧出云端，
登高远眺，探幽取胜，各得其妙。在如此风水宝地上，弘法寺
不过是上世纪80年代才兴建的佛教文化道场，也仿佛沾染了
灵气，信众熙熙，堪比古刹，香火极盛。

　　特别的气候孕育了特别的植被。据统计，梧桐山野生植物
多达1419种，约占深圳野生植物资源种类的70%。尤其是漫
山遍野的毛棉杜鹃，具有独特的生态价值和观赏价值。作为分
布在北半球纬度最南、海拔最低地区的乔木型高山杜鹃林，梧
桐山杜鹃谷是位于大都市中最大规模的原生杜鹃花海，面积达

罗湖盐田龙岗三界零号碑

20 公顷。每年三四月间，在南海潮湿气流吹拂下，整个山谷杜鹃怒放，连枝成丛，连丛成片，披烟戴霞，妩媚动人。

如此盛景，我当然还无缘得见，须待来年花期。不过，当我沿着万花栈道抵达古鹃径，在错落有致的杜鹃林中穿行，近览千年杜鹃王挺拔茂盛的风采，遥想春暖花开时，粉白相间的毛棉杜鹃从坡顶直到谷底绵延数百米，何等壮观！若把繁花似锦的杜鹃谷视为一只七彩凤凰静静地栖息在梧桐山上，观景台正处于凤凰颈部位置，上有美丽凤冠，下有绚烂尾羽。梧桐山倚天招凤的气势，脱颖而出。民间有"仙女嬉于天池，凤凰栖于梧桐"的传说，灵感莫非来源于此？

丰茂的植被，每每与种类繁多的动物相伴。目前，梧桐山景区有陆生脊椎动物 70 科 231 种，仅鸟类就达 143 种。其中，国家级重点保护野生动物有蟒蛇、穿山甲、小灵猫等 18 种，爬行动物有中国特有种 5 种。昆虫超过 10000 种，包括蝶类和蛾类近 4000 种。可以想见，在茂林绿水间，是一个多么生机盎然的动物世界。

　　写到这里，脑子里浮现出那日与青蛇的邂逅。当时，我们一行三人沿着幽静的泰山涧步道下山。刚刚下过雨的石阶路面很干净，蓦见一条长约三尺的青蛇缓缓地从石阶爬向路旁草丛，通体碧绿，晶莹透亮。大家都没来得及反应，愣在那儿，青蛇却慢悠悠地回过头来看了我们一眼，又从容地转头游走了。我们屏住呼吸，没说话，也没敢拿出手机拍照，只觉某种神秘气息，从脚底漫上头顶。

　　当然，梧桐山之所以为深圳市民情有独钟，不但因了丰富奇绝的自然风光和生态环境，还因其厚重的历史文化内涵。梧桐山早有人居，留下了古村故道、水库梯田等遗迹。但最让人感怀的，还是在倚天招凤亭鸟瞰深圳河谷。如果说深圳河是深圳的母亲河，那么梧桐山就是深圳的祖山，正是梧桐山孕育的潺潺溪流，汇聚成了这条充满故事的小河。

　　倚天招凤亭并不大，兀立于小梧桐西南侧陡峭的石坡之上，视野极开阔。东起大鹏湾，西至深圳湾，蜿蜒曲折的深圳河把两岸景致一分为二，北为深圳城区，南为香港郊野。从沙头角

好汉坡

中英街，到莲塘口岸、文锦渡口岸、罗湖口岸、皇岗口岸、福田口岸，直至深圳湾大桥和烟波浩渺的伶仃洋，本应是渔舟唱晚的水乡，无奈变成了凄风苦雨的界河。视线一路西去，山回水转，我仿佛看到了一个多世纪以来的沧桑：鸦片战争的硝烟，东江纵队的传奇，三趟快车承载的同胞情，百万大逃港书写的辛酸史，改革开放潮起珠江，"一国两制"起伏跌宕……据说深圳市政府拟在此建城市观景台，除了美丽的自然风光，大约也是基于这片山水特有的历史文化象征吧。

如今，深圳河两岸的人文地理风貌又处于新的大变革前夜。随着深圳经济特区与先行示范区"双区"叠加态势逐步呈现，河套地区开发方兴未艾，前海合作区空前大扩容，香港前特首林郑月娥在其任内的最后一份施政报告中破天荒地提出了"北部都会区"建设计划，大力打造所谓"三圈"：深圳湾优质发展圈、港深紧密互动圈、大鹏湾/印洲塘生态康乐旅游圈。新时代的"双城"故事正在磅礴书写，深圳河将继续为历史作证。

梧桐山西南麓，便是大名鼎鼎的罗湖桥和老东门，史称深圳墟，乃深圳经济特区的发源地。事实上，深圳经济特区建立之初，只有一个罗湖行政区，后来陆续拆分整合，才有了今天"关内四区、关外六区（新区）"的格局。如今的老东门，也许街道布局乱了些，店铺有些简陋，货品有些低廉，但在氤氲的市井气息中活力四射，体现了"深圳之根"的丰厚底蕴，苍劲而顽强。

有句脍炙人口的广告语：来了就是深圳人！而我想，每一个深圳人，都应当去爬一爬好汉坡。当你攀上千米石阶，来到"梧岭天池"累累苔痕前，站在"鹏城第一峰"飞来巨石上，鸟瞰脚下恣肆铺展的城池在绵延起伏的青山绿水中伸向无尽的远方，你会真切地感受到生命力的搏动和梦想的升华。思绪悠悠，汇成一联：

数梧岭诸峰好汉坡前十里云烟十里锦

观罗湖一邑老东门外半城山水半城楼

山水记忆（外一篇）

龙骧虎步凤盘旋　千里空蒙若梦还

旧友新知相问候　轻晖薄雾共缠绵

百花径上诸峰去　万绿丛中一索悬

水远山高游目处　佛塔隐隐出云烟

龍驤虎步鳳盤旋千裏煙蒙若夢
還舊友新知相口候輕暉薄霧其
纏綿百花徑之諸峰去萬綠叢
中一索懸水遠山鳥遊目畫佛塔
隱之出雲煙

木木詩　山水記憶
壬寅仲夏　育零書

立春刚过去没几天，南国深圳已显出浓浓的春意来。今年春节假期是在阴雨绵绵中度过的，但节后随即放晴。上班第一个周末，立秋登山群相约新春开年活动：重上梧桐山。

梧桐山是深圳最高的山脉，十余座山峰逶迤隆起，气势磅礴。山中有寺院名弘法寺，是深圳最大的禅修道场。山脉以西，则有东湖公园、深圳水库、仙湖植物园，绿荫环绕，水体绵延，成为深圳最聚人气的亲水世界。大山大水之境，浑然天成，凝结了这座岭南新城独特的山水记忆。

为了感受这份山水记忆，我们选择从仙湖植物园西北面的无名山脊上山。一路穿行在起伏的山梁上，连日细雨方歇，但见轻云薄雾中，霞辉初露，梧桐诸峰越发雄浑俊朗，宛然龙骧虎步，凤凰引吭，别具气势。

朝阳初升时，我们从香港回归纪念林起步。纪念林位于仙湖植物园西北山坡上，由 1997 株土沉香树（亦名白木香树）组成，周边轮廓是一幅中国地图。1997 年 3 月，深港两地青年共同种植这片林子，迎接香港回归。25 年过去了，树已长成碗口粗细，高达数丈。走在树林边缘蜿蜒陡峭的石阶小道上，看着一株株挂有序号牌的树木长势喜人，不由想起这几年在香港做青年工作的酸甜苦辣，想起 5 年前香港回归祖国 20 周年之际深港两地青年欢聚在这片林子的喜庆场景，想起近段时间新冠肺炎疫情肆虐下维港两岸的风风雨雨。

随后就是山脊野径了，路况原始而崎岖。翻越最陡峭的犁铧尖（又名坭头尖）时，一条长长的尼龙粗绳悬挂于森森树林里，须攀缘而上。不过，沿途植被丰茂，花蕊初绽，鸟鸣婉转，并不觉其累。每临峰巅，视野开阔，深圳山海连城、水陆相间的独特风貌淋漓尽致地展现在眼前。此时，山高人为峰，巨石累累，古木虬虬，众山友或倚或坐，沐浴在南国和风之下，相互分享随身瓜果小吃，有一搭没一搭地聊着天，或忆旧，或感怀，欢声笑语中，颇得行山之趣。

登上小梧桐后，路面宽了许多，坡度也见缓。行走其上，以前数次在这里凭山观海、识木赏花、小酌闲聊的场景漫上心头。

百年古道

特别是去年农历九月十五月圆之夜，七八好友相约，信步光影斑驳的林荫道，极目苍茫山色，诸般感受，记忆犹新。当时写下的《梧桐秋月》，也如岭上清风拂面而过，山间小溪潺然流淌……

谁教玉魄挂寒空　万籁萧萧入远峰
但得梧桐秋后月　相逢何必问西东
素娥最是多情客　不忍孤悬旷野中
一片苍茫终解语　星儿点点送秋风

小梧桐的标志性景点，是梧桐山电视塔。此处有多条路线下山，亦可翻越豆腐头登顶大梧桐。我们随意绕过电视塔，经倚天招凤亭，接登云道，过追月亭，穿梧桐仙洞，往右沿仙湖登山道直落植物园。山道极陡，有些路段估计坡度达60—70度。虽然陡峭处铺有平整的花岗岩石阶，两边亦有护栏，但丝毫不敢大意，必须手扶护栏或拽紧护栏绳索，一步一步往下挪。不过，居高临下，峰回路转，美景迭现，拿起手机拍照，如同航拍一般。镜头里弘法寺镶金嵌银，错落有致，仙湖波碧如黛，光影摇曳。方知上山之乐与下山之趣，各有千秋。

誰教玉魄掛寒空，萬籟第三人遠
峰，但得梧桐栖後月，相逢何必問
西東，素娥最是多情客，不忍孤懸
瞻野中一片蒼茫，終解語星兒
點點送秋風

木木詩 栖桐秋月
壬寅仲夏 墨出書

本焕塔

绿树掩映弘法寺

香港回归纪念林

本焕塔，就是这时候从一片烟云中脱颖而出。远远望去，云遮雾罩，佛光依稀，隐隐透出神秘感。本焕大师远播的法名，弘法寺鼎盛的香火，一起在脑海里浮现。本焕塔为9层楼阁式密檐八角佛塔，高约60米，为安放本焕舍利而建。佛塔以法器和绘画为载体，形象地讲述了本焕长老出家修行的故事。我曾有缘得上，逐层瞻仰缅怀，感悟老和尚的精神境界，思考宗教与世俗的关系，追寻生命的价值。今逢虎年新春，本焕塔亦位于白虎峰上，登山群开年活动，竟无意间缘塔而行，绕弘法寺形成闭环，莫非冥冥之中暗合禅机，预示来年生龙活虎、虎虎生威？

"这个角度看回归纪念林，中国地图好完整啊！"山友一声感叹，打断了我的遐想。举目而望，只见对面山坡上，整片林子郁郁葱葱，中国地图立体呈现，清晰生动。此情此景，又让我想到香港的命运。相信在祖国强大的支持下，香港定能战胜人祸天灾，渡过当前暂时困难，重新焕发生机。

下得山来，入目尽是仙湖植物园的奇石佳木、嫣花碧水，不必细述。值得一提的是，邓小平 30 年前在此手植的那棵高山榕，如今已亭亭如盖，独木成林。抚今追昔，山重水复，柳暗花明，几十年来，中国特色社会主义走过了多么不平凡的路！改革开放，一国两制，深圳速度……这些与每个中国人息息相关的术语，深深地镌刻在中华民族的成长记忆里。

重新来到香港回归纪念林下，今天的行程便结束了。一路走下来，腿有些酸软，但雅思涟涟，心情大畅。驱车返城，思及山中时光，似有所悟：每个人都有关于山水的记忆，而山水记忆，终究是人文记忆。

杜鹃花开（外二篇）

高天丽日绿丛丛

浅浅深深各不同

可惜游人皆好色

痴情只向紫和红

鸟无丽日绿丛丛 浅浅
深深各不同 惟惜游人皆
好色 癫时心向紫和红

木木诗 杜鹃花军 壬寅仲夏 墨生书

早听深圳朋友说，错过了梧桐山的毛棉杜鹃，就错过了深圳的春天。此次游览梧桐山，专为毛棉杜鹃而来。可做了半年准备，还是有些错过花期。

新冠肺炎疫情已经进入第三个年头，年初香港疫情突然失控，深圳受到牵连，被迫从3月中旬开启居家避疫模式，实行封闭式管理，停止一切非必要的流动和活动。21日解封，但部分活动仍受限制。直到26日全面解封后，一年一度的梧桐山毛棉杜鹃花会才正式拉开帷幕。遗憾的是，接下来连续数日阵雨暴雨天气，不知不觉便来到了清明假期。此时忙不迭地上山，毛棉杜鹃已进入盛花期半个多月。大自然是没有疫情这个概念的，阳春三月，百花盛开，梧桐山上各种杜鹃花早已迫不及待了。

据管理人员介绍，今年梧桐山毛棉杜鹃的盛花期是从3月16日开始的。进入3月中旬以后，山上各个景点的杜鹃花竞相开放，杜鹃谷开花量已达30%，十里杜鹃廊更达到了60%。通常，单株毛棉杜鹃的花期只有一个星期左右。好在梧桐山群峰并立，地势起伏多样，各处杜鹃次第绽放，整个花期会持续一个月。

上山之前即被朋友告知，这几天梧桐山人满为患，最好早上 8 点前抵达，下午 3 点前离开，否则会堵死在路上。据说清明假期头一天，有人下午 5 点下山，晚上 11 点才回到深圳城里，一个多小时的车程，生生开了五六个小时。我们不敢大意，早晨不到 7 点就出发了，但离目的地五六公里处还是遇到了堵车，各种车辆排成一字长蛇阵，前不见头后不见尾，10 点过了才到达山门。这时候山里早已人山人海，路遇几个年轻人，他们说半夜两点就上山了，为的是看日出和晨曦下的杜鹃花。

主办方为今年花会设计了两条路线：一条叫"随心赏花"，难度不大，耗时约 3 个小时；另一条叫"阅尽繁花"，属挑战级，走完全程需要 4 个小时。两条路线都从公园北大门出发，步行一小时抵达凤凰台，然后开始赏花。"随心赏花"路线只游览万花屏、杜鹃谷、小梧桐山顶广场，随后原路返回。"阅尽繁花"路线则需另增加一个小时，绕行豆腐头、蝴蝶谷、十里杜鹃廊、好汉坡，再从凤凰台下山。

凤凰台

　　由于山上人太多，步速比较慢，我们选择了"随心赏花"路线。实际上，这时候的毛棉杜鹃花，也只有万花屏比较集中，其他地段已然七零八落了。但即便如此，透过一棵棵形态各异、不同花期的杜鹃树，紫红粉白，错落相间，只要稍加想象，就能感受到翠绿山谷中铺陈伸展的那份绚丽。杜鹃谷已谢尽繁花，只余漫坡深绿的树丛。唯万花屏数百株百年老杜鹃，各呈异彩，顽强地展示自己的灿烂。穿行其中，春的气息扑面而来。

　　与大多数灌木杜鹃不同，梧桐山毛棉杜鹃属于乔木杜鹃。树干粗壮，幼枝呈淡紫褐色，老枝呈褐色或灰褐色。花冠狭长，裂片开展，以淡紫色、粉红色或淡红白色为主色，观赏性极强。同行的梧桐山管理处梁先生告诉我们，毛棉杜鹃结子很多，但十分细小，生命力脆弱，发芽率不高，人工栽培难度大。如果采用扦插、压枝等方式批量繁殖，短期见效快，但无性繁殖基因单一，容易遭受病虫害。而且毛棉杜鹃木质密实，生长极其缓慢，需要 10 到 20 年才能开花，故有"一代人栽种，一代人养护，一代人观赏"的说法。

万花屏幸存的数百株老杜鹃，实在是一个奇迹，也可以说是大自然留给深圳特区的一份特别礼物。要知道，杜鹃树扭曲而多结，并不成材。记得小时候上山砍柴，因为山高路远，需要挑选耐烧的硬杂木，一般会选三种树木：青枫，油茶，杜鹃。青枫稀少，油茶太沉，所以杜鹃最受欢迎。那时候温饱尚无着落，谁都没有赏花的闲情，是什么原因阴差阳错放过了这一坡历经沧桑的杜鹃树呢？世间多少美好，历经磨难，仍会在夹缝中传承下来啊！

凤凰台位于半山腰一个三岔路口，是去梧桐三峰大梧桐、豆腐头（亦称中梧桐）、小梧桐的必经之处。登台远眺，梧桐山全貌尽收眼底。极目处，群峰绵延，山海相邀，万物和谐生长。千娇百媚的杜鹃花，在堆碧砌翠、铺天盖地的绿色面前，仿佛已微不足道。梧桐山是花的祭坛，更是树的道场。李太白"凤凰台上凤凰游，凤去台空江自流"的感慨油然而生。

万紫千红，争奇斗艳，固然是春；枝繁叶茂，嫩绿鹅黄，又何尝不是。纵是春花烂漫，其魅力也不是满山遍野绽放同一

万绿丛中

争艳

种花卉，而是百花齐放。即便都是杜鹃花，也有不同品种。以梧桐山为例，就有乡土杜鹃树三种——毛棉杜鹃、华丽杜鹃和映山红，另有为丰富花色而引进和培育的园艺品种近百种。如果再加上因人工栽培而形成自杂交，在自然状态下无法生长但可以盆景种植的各色杜鹃，多达 700 余种。梧桐山有美丽的毛棉杜鹃，但梧桐山的美丽何止毛棉杜鹃。

　　前不久，广东省摄影家协会经过实地考察评审，把梧桐山国家级风景名胜区列入年度 "广东摄影目的地"。同时，广东省关注森林活动执委会发起 "广东十大最美森林旅游目的地" 网络评选活动，经过近 40 万网友投票和专家综合评选，梧桐山国家森林公园名列榜首。相信如此盛誉，不会是任何单一因素促成的，而是独特的山水环境、多样化的动植物分布与森林体验、自然教育、山地运动完美结合的产物。和谐的内核是共生，而不是一致，海纳百川成其大，天生万物以养人，大自然就是这样默默地教育着我们。

　　可是，人类作为大自然之子，似乎总是学不会这份宽容，缺乏对多样性的共情和尊重。看看这几年的网络生态，极端主义情绪如疯草般蔓延。大到国际关系，小到生活琐事，动辄引发争论，一派不死不休之势。其实，世事纷纭，芸芸众生，谁不是盲人摸象？观点不同很正常，之所以吵得不亦乐乎，是因为人人都想证明自己是对的，总有一种说服别人的冲动和固执。圣人谈治学，三十而立，四十而不惑。一旦成人，有了自己的认知逻辑和表达方式，再难听从别人的教导。老想把一己之见强加于人，甚至不惜营造假象，搞得好像自己无所不知，而缺乏对所知边界的自觉意识，轻了说是蠢，重了说是坏。这时候，不妨把自己交给大自然，从一草一木中重新感受生命多元存在的魅力。

杜鹃开了，春天来了。林徽因的《你是人间四月天》，再次在耳旁回响：

雪化后那片鹅黄，你像
新鲜初放芽的绿，你是
柔嫩喜悦

水光浮动着你梦期待中白莲

你是一树一树的花开
是燕在梁间呢喃
你是爱，是暖，是希望
你是人间的四月天

深圳十峰

梅尖抒怀

异峰突起唤梅尖
龙脉蜿蜒入海天
首义三洲峰火处
清波一片出云烟
由来多少男儿血
遍洒青山绿水间
水远山高何所以
乘风破浪再扬帆

梅沙尖

龙脉蜿蜒入海天

异峰突起唤梅尖　龙脉蜿蜒入海天

首义三洲烽火处　清波一片出云烟

由来多少男儿血　遍洒青山绿水间

水远山高何所以　乘风破浪再扬帆

梅沙尖古道

梅沙尖之行，让我一下子从山水走进历史，从自然走进人文，深深感受到脚下这片土地的厚重。

梅沙尖位于深圳市盐田区，主峰海拔 753 米，为深圳第四高峰。它同时也是一个山群，除主峰外，还有三四座海拔略低的附属山峰。梅沙尖因山下是大梅沙海滩，峰形尖突，山脉连绵，远望如巨大尖锥从逶迤群山中挺拔而出，故得名。

自盐田港北上，翻越梅沙尖进入三洲田，是一条古道。三洲田是一个低山丘陵盆地，西起梧桐山脉，东邻大鹏半岛，有远近闻名的三洲田水库。清朝末年，这里是由七个自然村落组成的山寨。山寨历史源远流长，山水相间，古朴秀美，宛然世外桃源。水库是 1958 年修建的，之后三洲田村濒水而居，人丁依然兴旺。

而今，这一带已被打造成对标世界的生态旅游区，地处深圳盐田、坪山两区交界处，透过山脉沟壑与东莞、惠州相连，与香港新界隔海相望。四面环山，高低错落：东临马峦山，北

峙打鼓岭，西依鹅公髻，南濒梅沙尖。水库还在，碧波静卧，
湾汊横逸，村落则已全部搬迁。取而代之的东部华侨城，集观
光旅游、户外运动、科普教育、生态探险、休闲度假于一体，
欧洲城堡式建筑和五彩缤纷的游乐设施掩映于青山绿水之中。

　　紧临东部华侨城主题酒店群，有一座青葱蓊郁的小山，孙
中山庚子首义雕塑园就建在南面山坡上。十八座雕塑由曲折环
绕的石阶连接，栩栩如生地再现了两个甲子以前在这里发生的
那场惊心动魄的暴动过程。

　　"中国之革命，发轫于甲午以后，盛于庚子，而成于辛亥，
卒颠覆君政。"当我站在雕塑园里，默念着高耸的纪念碑上的
这段文字，如静水深流，撼人心魄，深圳历史时空的巨大张力
扑面而来。辛亥革命以武昌起义发生的年份（1911 年为辛亥年）
命名，但就这场革命的过程和历史作用而言，当始于 1894 年
孙中山在檀香山建立兴中会，直至 1912 年南京临时政府解散。
其间，孙中山领导和发动了 10 次武装起义。1895 年广州起
义，尚未正式打响即告夭折。第一场产生较大影响的起义，于

江山如此多娇

碧水天外来

山海大观

1900 年爆发于三洲田，故称庚子首义。

为筹备起义，孙中山在日本、菲律宾和香港等地开展了大量联络工作，筹集经费购买武器，并在台湾设立指挥部，在香港召开军事会议。最终选定三洲田作为起事地点，任命郑士良为总指挥。郑士良比孙中山年龄稍长，两人同年入广州博济医院学医，引为知己。三洲田起义失败后，郑流亡香港，次年为清廷奸细毒杀。

雕塑园山顶上建有一座小亭，名博爱亭，古朴庄严，上书一联，为孙中山手迹：有道德始有国家，有道德始成世界。坐在亭内石凳上，山形水势在眼前清晰地铺展，四周风光尽收眼底。凉风吹拂，浮想联翩：这是一片怎样的土地啊，那又是一群怎样的勇士，凭着数百具装备简陋的血肉之躯，生生掀起了推翻两千多年封建统治的滔天巨浪。

由博爱亭向南眺望，蓝天之下，梅沙尖高耸入云，群峰绵延起伏，宛若苍龙腾跃。脑子里突然冒出一段文字，是从孙霄先生近作《四方风动——孙中山与庚子革命首义》中读到的：梅沙尖被形象地比喻为"武士展剑"，那么，傲立三洲之巅的武士是谁呢？不就是当年在这个贫瘠的山窝窝里厉兵秣马、剑指清廷的三洲田革命军总司令郑士良吗？

　　自古山水不言，因人而娇。东部华侨城开发时，修建了一条盘山公路，绕过梅沙尖，进入三洲田。半山处有一开阔地，巨大的石壁上勒刻着"江山如此多娇"六个毛体大字，对面陡坡边立一椭圆形原石，上书"山海大观"。那是我们的集合点，一行十余人，从这里起步，沿当年三洲田古道方向，翻梅沙尖，下华侨城，以首义雕塑园作为整个行程的终点。

　　我们先是下行进入一湾山谷，有溪流潺潺，继而翻越几道山梁，有和风缕缕。沿途山海气象，恢宏博大，视野开阔，心旷神怡，浑然不觉其累。回想此行，登绝顶，小众山，固然酣畅淋漓；而一路上风光旖旎，山、海、城相依，一步一景，亦让人流连忘返；更难得的是，自然风光之中，百余年来革命、建设、改革的沧桑巨变历历在目，如电影镜头般从脑海里闪过。

远眺三洲田

博爱亭

祭旗起义

兴之所至，得一联：

梅尖顶登高望远山海大观映水库
三洲田游目骋怀沧桑尽览铸英魂

　　雕塑园里，专为牺牲时年仅21岁的兴中会会员史坚如立了一座情景雕塑。三洲田起事后，署理两广总督、广东巡抚德寿忙从虎门调派4000清军进驻深圳墟，伺机进剿。深圳墟就是今天的东门老街，位于三洲田西南约30公里处。起义遭到镇压后，出身官宦之家的史坚如悉数变卖了自己继承的家产，购置炸药谋刺德寿，后被捕，受尽酷刑而死，被孙中山誉为"为共和殉难之第二健将"（1895年广州起义失败遇害的陆皓东被孙中山誉为"为共和革命而牺牲者之第一人"）。对比史坚如，想想今天21岁年轻人的生活，想想自己的人生模样，景仰之余，不由人不感慨万端。

　　出了雕塑园，我们信步下山，回味着纪念碑上镌刻的孙中山对庚子首义的评价："惟庚子失败之后……国人之迷梦已有渐醒之兆……有志之士多起救国之思，而革命风潮自此萌芽矣。"辛亥革命作为对维新变法运动的否定，开创了从革命派超越改良派，到新民主主义革命扬弃旧民主主义革命的伟大征程。放眼三千年未有之大变局，风云激荡，中华民族复兴命题被不断破解，一脉相承。鸦片启战端，板荡肇之南粤，割让香港成为这一宏大命题的起源；深圳建特区，大潮起于珠江，改革开放则是命题的解决。

梅沙尖作为梧桐山的东部余脉，史书早有记载，《新安县志》称其"尖秀插云，如笔"。这支如椽巨笔，书写了震古烁今的故事。也许，深圳特区"杀出一条血路"的创新精神和放眼全球的开放胸怀，早在庚子首义的烽烟中，在刺破苍穹的梅沙尖上，就已经萌芽了。而从梧桐山脉西去，深圳河蜿蜒入海，见证着两岸的历史命运……

阳台叠翠

台开起迴上未去裁

大天风蝶石云蜓尔

又侍秋蛱缘出蛇任

台色日溪幽翠水城

小参蔽弄探叠烟新

过边荫影曲层看片

方无浓疏九千回一

Shenzhen
Ten Peaks

Comprehending this
City from Peaks

Mama

阳台山

千层叠翠出云来

回看烟水蜿蜒去　一片新城任尔裁

九曲探幽缘石上　千层叠翠出云来

浓荫蔽日秋风起　疏影弄溪蛱蝶徊

方过小台又大台　无边秀色倚天开

回看烟水蜿蜒去，一片新城任尔裁

山海连城入云天

　　这是我来深圳后登临的第三座山。梧桐山是欣赏深圳河沿岸双城风光的好去处，七娘山是远眺香港群山起伏的观景台，阳台山举目四望，最适宜鸟瞰深圳全景。

　　深圳市为了打造城市形象，2004 年评选出"深圳八景"，分别是大鹏所城、莲山春早、侨城锦绣、深南溢彩、梧桐烟云、梅沙踏浪、一街两制、阳台叠翠。八景中有三处是以山入选的，即莲花山、梧桐山和阳台山。

　　阳台山位于龙华、宝安、南山三区交界处，主峰分大阳台和小阳台。人们通常理解的阳台山是小阳台，因为山里的主要景点，如花溪廊、明月廊、夏荷亭、秋菊亭、七星伴月、卧龙遗蛋等，都在小阳台周边。特别是山顶有庞然巨石，上刻"羊台叠翠"四个草体大字，为国务院原副总理邹家华所书，向来是阳台山的标志景观和网红打卡点。

　　我们中大多数人是第一次登阳台山，不熟悉路，请了当地导游。导游对我等业余登山者的实力和兴致有些低估，原本只准备上小阳台。谁知到了小阳台峰顶，大家都觉得不过瘾，没有人愿意打道回府。待走下花溪廊，只见浓荫蔽日，溪流潺潺，蛱蝶盘旋，一阵阵微风吹过，劳乏尽去，大伙儿更不想回家了，纷纷要求"加餐"。

导游只好带我们重新上山，目标是比小阳台海拔略高的停机坪。阳台山是有名的"石阶狂魔"，我们沿着曲折起伏的石阶一路向上，到了停机坪已是气喘吁吁，准备稍事休整再下山。这时，有从山上下来的驴友介绍说，最美的风光在大阳台，不上去看看很可惜。望着远处山峰云穿雾绕，我们半是向往，半是犹豫。最后咬咬牙，既来之则安之，又爬了将近一个小时，终于登上了大阳台。

真应了那句"脚力尽处，风光正好"的古话。首先映入眼帘的，是大阳台峰顶亦有一巨石，比小阳台巨石略小。不过，小阳台巨石上"羊台叠翠"四字是横排草书，大阳台巨石上"阳台山"三字却是竖排隶书，别有气势。秋风送爽，倚石而立，俯瞰千峰叠翠，百水环绕，山海风光，市井烟火，尽收眼底。

近则盈盈湖泊点缀于楼厦之间，远则缭缭雾岚萦绕于群山之上。东有梧桐层峦，西有珠江碧波，南有深湾桥，北有科学城，各以其胜，把这座南国新城的魅力淋漓尽致地展现出来。此时大家才感到庆幸，小阳台固然美景处处，但只有上了大阳台，才能完全领略阳台叠翠的真谛。

阳台山景致绝佳，拥有丰富的自然生态资源，文化历史内涵亦十分深厚。单说山名，就饶有趣味。据明代修纂的《广东通志》记载："阳台山，山巅之南稍平，形若几案。"在中国阴阳学说里，山南水北谓之阳，"山巅之南"是阳，"形若几案"是台，故名阳台山。因了如此山形地势，阳台山一向被视为新安县的风水山。清代修纂的《广东通志》和《新安县志》分别明确指出："阳台山……高约二百丈，横亘五十里，山巅平衍，形若几案，为邑治后山"，"顶有龙潭，祈雨即应"。上世纪60年代初，风水之说不时兴了，阳台山遂改名羊台山。直到2020年，深圳市政府在广泛征求意见的基础上，决定恢复阳台山的旧称。

有人的风景最美

蓝天白云下，山顶巨石浑然天成

九曲探幽缘石上，千层叠翠出云来

阳台山一带，峰峦绵延，湖汊纵横，还留下诸多革命斗争遗迹。早在 1898 年，归国华侨钟水养就在阳台山脚下发动了反抗清朝统治的乌石岗起义，成为辛亥革命的先声。抗日战争时期，东江游击队在这里建立根据地。1941 年夏季，日军对阳台山根据地进行了 8 次扫荡，均告失败。在震惊中外的"中国文化名人大营救"事件中，阳台山是重要中转站，茅盾、邹韬奋、夏衍等数百位文化名人都从这里辗转北上。

如今，阳台山旧貌换新颜，山径绿道四通八达，是市民登山健身、亲近自然的重要场所。始于 1997 年的阳台山登山节，更是将山水风光、历史人文与文体活动融为一体，每年吸引众多登山爱好者参加，其影响力已从深圳周边辐射到整个珠三角地区。

我们此次行山，没有直接登顶，而是先到小阳台，继而停机坪，再到大阳台，上上下下多走了不少路，但阴差阳错，观景之全出人意料。下得山来，都觉意犹未尽，又开始设计下一次登山活动。同行山友余海先生收集整理沿途所拍图片，选取 9 张放到微信朋友圈，请大家各抒己见评出前三名。次日公布结果，并逐一点评。现照录如下，以作管窥。

　　第一名作品拍摄的是攀登停机坪的一坡石阶，宛若天梯直上，行山者居高临下回望镜头，脚踏苍苍苔痕，绿荫相伴，倚天而立。评语：有人的风景最美，人在景中，人也成了风景。图中人物形象自然、健康、充满活力，每个人面前都有一道坡，积极面对、乐观向前是最好的状态。

　　第二名作品拍摄的是小阳台巨石，雨后初晴，天空格外干净，灰黑色巨石仿佛天外飞来，"羊台叠翠"四个红彤彤的草体大字飘逸潇洒，英气逼人。评语：主题鲜明，画面纯净，构图优美。蓝天白云下，山顶巨石浑然天成，既顶天立地，又厚德载物。

　　第三名作品拍摄的是从大阳台鸟瞰西丽湖周边城区，直至前海和深圳湾，高楼林立，绿树掩映，山脊蜿蜒，碧水依依，烟云缭绕。评语：图中有山有水有大海，一片新城融于自然中。良好生态环境是最普惠的民生福祉，正应了那句诗："回看烟水蜿蜒去，一片新城任尔裁"，堪称绝美。

深圳十峰

塘朗登高

梁阳渡翔急杳意塘
道斜桥雁语茶栏海
一伴飞故蝉老凭映
空雨水天深远顶坤
凌烟碧高荫径登乾
地来看目得辞君朗
拔秋遥游倶不问朗

老茶
杳間
君登頂
憑欄意
朗乾
坤曉
海塘

歲次辛丑初冬陳林詩
塘朗登高
從城港詩意作畫

塘朗山

拔地凌空一道梁

拔地凌空一道梁　秋来烟雨伴斜阳

遥看碧水飞桥渡　游目高天故雁翔

但得荫深蝉语急·不辞径远老茶香

问君登顶凭栏意　朗朗乾坤映海塘

这座山为什么叫塘朗山，"塘朗"二字作何解？
我问过朋友，查过百度，终究不得要领。比较靠谱
的解释：塘朗是岭南方言，"塘"指一片静止或缓流
的水域，"朗"原为"崀"，指靠近水域的平缓高地，
塘朗即水边高地。

　　所以，塘朗山并不高，主峰海拔 430 米，即使
在沿海低山丘陵地带也是不起眼的。但它地处中心
城区，一道绿色山梁，在南山、龙华、福田三区交
界处，从一片海湾湖泊和街道楼群中拔地而起，便
有了木秀于林、鹤立鸡群的感觉。

　　登塘朗山有多条路径。我们选择了从龙珠门进
山，沿登山步道，经百尺天梯，直达山顶。一路上
忙着"打理"脚下的石阶，难以分心周边景色，只
觉绿荫森森，鸟语花香不绝。待得登顶，孤峰耸峙，
四周景致扑面而来，叹为观止。

远观大学城

极目阁

塘朗山顶上有一亭，名极目阁。由此观景，东西南北各有生动之处，山水城池，融为一体——就山而言，目之所及除了脚下的塘朗诸峰，近有梅林山、阳台山、笔架山、大南山，远有鸡公山、梧桐山，还隐约可见香港的青山、流浮山、大帽山，千峰争翠，绵延起伏。

以城而论，鸟瞰福田、南山、宝安、龙华、龙岗、罗湖各区，新楼旧宇高低错落，车水马龙游弋其间；深圳大学城、留仙洞战略性新兴产业总部基地、深圳湾高新技术产业园、后海总部基地尽收眼底；远处是蛇口前海片区和宝安、罗湖中心区，以及香港的天水围、落马洲等地。

当然，塘朗山最值得称道的，还是环绕四周的水景。东临梅林水库，北依长岭陂水库、西丽水库、铁岗水库，西望珠江口，南及深圳湾。盈盈碧波万顷，缭缭水烟一色，泼染出无尽的浪漫。

深圳为了建设面向世界的生态家园，启动山海连城计划，打通"一脊一带二十廊"城市生态脉络。"一脊"指贯穿深圳东西部、绵延百余公里的绿色山脊，通过多样化的生态长廊，把自然保护地、森林公园、郊野公园、湖泊水库等串联起来。"一带"是以深圳河为主脉，从东到西连接大亚湾、大鹏湾、深圳湾、前海湾直至珠江口，形成汇聚海湾、半岛、湿地、沙滩的滨海生活带。"二十廊"包括十条山廊、十条水廊，连通两大山水主脉之外的众多较小山体和水体，让市民在漫游径上体验山、水、城变幻的风景。

可以看出，塘朗山是山海连城计划和"一脊一带二十廊"的一个重要节点。为此，市政府拟建造塘朗山郊野公园城市看台，坐山拥海，既可观赏湾区大都市的摩天楼宇簇群和城市天际线，又能看到山海相依风光和自然保护区的红树林湿地，为深圳打造一张"全球标杆城市"新名片。

极目远眺，飘逸的长桥把深圳湾变成了内陆湖。环湾一片多姿多彩的世界，有山岭起伏，有公园绿道，有居民区，有写字楼，宛若自然和历史的陈列馆，述说着深圳河两岸的沧桑。前海后海的商务楼宇，香港天水围的社区建筑，连同海湾里成片的海水养殖渔排，一起涌到眼前。你会不由得感慨，从当年的逃港潮到今日深港双城故事，生动的现实告诉我们一个常识：发展是第一要务，万事以民生为本。

正看得投入，想得出神，一帘烟雨在深圳湾上空形成，由南而北朝我们飘来。眼见香港上空已是乌云密布，深圳这边还是丽日朗照。但很快，我们也感受到噼噼啪啪的雨点落到身上。大家并不忙着避雨，反而有些兴奋，听见有人调侃：这雨是从香港过来的呀，需不需要21天隔离？深港双城，真是你中有我，我中有你。

同一座山，有不同的上山路径；同一条路，有不同的季节，乃至不同的心情。这便有了一山多景，一景多面。当其时，满城风光尽收眼底，若就此下山，也当心满意足了。然而，塘朗山之妙还不止于此。从塘朗山顶往东，是一条长约十六七里的茶香径，通往梅林山。两山相连，似一道绿色屏风立于新旧城区之间。两山衔接处稍呈凹状，使整个山形如大鹏展翅，气势庞然，动感十足。

飘逸的长桥把深圳湾变成了内陆湖

梅林水库

标距柱

　　茶香径以石阶为主，修葺得很好，标距柱指示明晰，沿途设有休憩小亭和石台石几。漫山油茶树，散发出淡淡清香。雨偶尔还下，但每次雨脚都收得很干净，烟雨与丽日交替，别有一番风情。山路虽然上下起伏，但大致平缓，宛如一个移动的观景台。身处其间，能让你充分感受深圳这座独一无二的城市，领略它青山绿水掩映的繁华，只知其美，不觉其累。

　　行程的最后，是塘朗山与梅林山分界处的一段青石路。天空又下起雨来，青石路面有些打滑，但并没有影响大家的兴致。路旁有残存的铁丝网，是当年所谓"二线关"，即深圳经济特区与宝安县之间长达 90 多公里边防线的遗迹。这条青石路原本是当年的巡逻道，以拦截私自入关者。起步处有一面水泥斜坡，上面凌乱地画着几幅涂鸦作品，行笔稚嫩，色彩斑驳。看旁边路牌，"涂鸦墙"已作为一个正式地名标出，想必年头不短了。

　　一路走着聊着，雨不知不觉停了。碧空新洗，天蓝云白，一片透亮。树的绿，花的红，高楼林立，甚至能看出细部的脉

当年的二线关巡逻道，已成为市民休闲漫步的好去处

络。到了终点梅林水库，但见艳阳高照，波平如镜，青山倒映。
大坝上镌刻着古今诗词楹联，其中有一首清代才子袁枚的诗，
倒是与此情此景颇为吻合：

江到兴安水最清　青山处处水中生

分明看见青山顶　船在青山顶上行

看着熠熠生辉的梅林水库，我又想到塘朗山这个名字。"塘"
为聚水之地，而水为财。由"莨"而来的"朗"，意为月色明亮，
常用来形容光线充足，如天清气朗、豁然开朗，又形容声音大，
如朗读、朗诵。如果依"朗"的本义，把塘朗山视为深圳的象
征，观其临水积垒、拔地凌空之势，是否预示着走过 40 年不
平凡岁月的经济特区，如今又迎来"粤港澳大湾区"和"中国
特色社会主义先行示范区"的新定位，"三区"叠加驱动，比
历史上任何时候都光线更足，声音更大！

深圳十峰

七娘浮岚

落悬客山处巅起关
峰野五娘霄壁雾乡
青绿三七凌绝岚是
海梯邀上汗情悠隐
碧云促直挥忘悠隐

碧海青峰落
雲梯綠野懸
但邀三五兒
直上七娘山
揮汗凌霄漢
忘情艷壁巔
悠悠嵐霧起
隱隱是鄉關

陳林詩七娘浮嵐
歲次辛卯初冬 從成
配畫

Shenzhen
Ten Peaks

Comprehending this
City from Treks

Mumu

七娘山
谁架云梯绿野悬

碧海青峰落　云梯绿野悬

但邀三五客　直上七娘山

挥汗凌霄处　忘情绝壁巅

悠悠岚雾起　隐隐是乡关

以前没有登过这样的山，抬腿便是石阶，咄咄逼人，直到山顶。路程不足 3000 米，垂直高度却几乎从海平面升至 870 米，平均坡度超过 30 度。灰褐色的石阶，如一挂长长的天梯，悬于白云绿野之间。

攀登七娘山，是一段奇妙的体验。不胜其累，却也乐在其中。一路上大汗淋漓，气喘吁吁，但峰峦秀丽，谷壑幽深，森林茂密如盖，雨后初晴，空气清新，心情很是舒畅。虽则刚出三伏，南方气温仍高，但微风轻拂，山岚弥漫，有同好相聚，倒不觉得湿热难当，还有闲情开玩笑。

七娘山脉耸峙于大鹏半岛之上，主峰海拔位列"深圳十峰"第二。大鹏半岛号称"深圳保存最完好的生态净土"，金黄色海滩与蔚蓝的大海融为一体，多座山峰并立，植被丰茂，森林覆盖率达 76%。七娘山原名大鹏山，之所以称七娘山，是因为主峰由七个山头组成，逶迤铺展，错落有致，兀立于碧波之上，时有云雾缭绕，宛若七仙女出浴，婀娜妙曼。

秀拔的七娘山云雾缭绕

据考证，七娘山脉是燕山运动留下的遗迹。所谓燕山运动，是指发生在侏罗纪到白垩纪的广泛造山运动：地壳受到强力挤压，褶皱隆起，成为绵亘山脉，而以北京附近的燕山为代表。我国地势起伏的大体轮廓，就是在燕山运动中初步奠定的。东南沿海一带处于地质板块结合部，花岗岩侵入和火山岩喷发尤为剧烈。七娘山脉位于古火山盆地，有侏罗纪化石群，特别是第四纪以来的地质现象及海蚀海积地貌比较典型。

为保护利用好珍贵的自然遗产，深圳市报经国土资源部批准，建立了大鹏半岛国家地质公园。公园专属管理范围是七娘山脉及其周边区域约 51 平方公里，海岸线约 68 公里，但覆盖的地质遗迹保护范围达 150 平方公里。公园内建有两条主要登山径：一是主峰科考线，长约 2900 米，直达七娘山主峰；二是鹿雁科考线，长约 3900 米，通向第二高峰大雁顶。

科考线结合原有地形地貌，将沿途地质遗迹串联起来。每隔一两百米，设有火山石制作的标距碑，注明里程、海拔高度、经纬度等。一些特别的地质遗迹如火山锥、流纹岩、凝灰岩、破碎带等，则另有说明牌。同时，在不同海拔高度、景观比较集中的路段建了数个观景平台，以开阔视野，近赏群山秀色，远眺大海碧波。

　　我们大致缘主峰科考线上行，这是多条登山径中路程最短的，坡度当然也大。那段时间深圳雨多，几乎每天都要下一两场。但南国的雨，来得快，去得也快。这种天气容易生雾，七娘山一带，山海相接，水陆交错，云雾更容易形成。由于早上刚下过阵雨，碧空新洗，骄阳似火，初段行程便是大考验，人人挥汗如雨，衣裤都湿透了。到得半山，则见云雾涌起，山峰错落仿佛在云海中穿梭，景色瞬时变幻，山石草木一下子充满了动感。潺潺的水声，从云雾深处隐隐传来。顺水声前往，见一瀑布悬空而至，乌石白水，溅玉飞花。瀑下一潭，垒石散布，有小虾戏于其间。潭水成溪，蜿蜒而去。山水极凉，掬起来洗手洗脸，精神为之一振。但山路越发地陡峭了，两位同伴因头晚熬了夜，体力不支，只好原路返回。

西浦入选全国最优美八大海滩

远眺老虎座和大雁顶

脚力尽处，风光正好

登上山顶，初时还艳阳高照，清风习习。不一会儿，只见东部海面有雾气集聚，越积越厚，并在东南风吹拂下顺坡而上，很快便弥漫半山。翻过山脊后，顺势下泻，如波涛翻滚，蔚为壮观。朋友说这叫"瀑布云"，是七娘山著名的气象奇观。

瀑布云过后，远近峰峦渐次露出。山顶植被不似半山茂密，而以灌木茅草为主，巉岩绝壁便显得突兀。但山高人为峰，绝顶之上，视野极好。东南方向，海面仍有些云雾堆积，看得不甚真切。西边却已云开雾散，一坡翠色延伸入海，充满生机。

山脚下是湾汊斜出、蜿蜒逶迤的枫木浪水库，水色碧绿，分外醒目。水库外面是大鹏湾，波平如镜，零星散落着一些岛屿。诸岛之中，有一小岛略呈新月形，仿佛近在咫尺。同行者告知，那是东坪洲。我问是香港的东坪洲吗？他说是的，背后那些山就是香港。一时间心中有些恍惚，16 年香江岁月，一幕幕熟悉的场景，一张张鲜活的面容，生动地浮现出来。

驻港期间，我曾两次到过东坪洲。那岛上的山野小径、士多店，沿途售卖蔬果的小贩，此时此刻都浮现在眼前。那时候从岛上看深圳，也曾感叹离得真近啊。电话信号时而是香港的，时而是内地的。当时只觉得好玩儿，并没意识到会有这么一天，一湾浅水相隔，却不能轻易往来了。

远眺群山，连绵不绝。群山之间，隐隐约约有些楼群建筑，分不清是香港的还是深圳的……

突然想到崔颢的诗句：日暮乡关何处是？烟波江上使人愁。此时的大鹏湾，一片烟波。乡关，是让人终生思念却又终将远离的地方。不远行，便没有故乡；而一旦远行，故乡就只存留在思念里了。世事茫茫，岁月不居。如果一个人注定只是时间流淌中的过客，人生不过是周而复始的轮回，故乡就未必是固定所在，而是这样一个地方：它的时光曾停留于你，你的思绪曾栖息于它。

回想此生，从四川到北京，从香港到深圳。走南闯北，各有所悟，但由于年龄原因，对人生的认识，四川不如北京，北京不如香港，而今后在深圳的岁月将会更长。那么，哪里才算是自己真正的故乡？有道是赤子之心，等闲风尘，过尽千帆，依旧少年。还是苏东坡说得对：万里归来颜愈少，微笑，笑时犹带岭梅香。试问岭南应不好，却道：此心安处是吾乡。

雁顶秋色

山看外间衰翻客湾
上山云海衰翻归正
又下雾天方已辞大
邀往翠波烟彩忍秋
相却叠嶂岚霞不中
日山峰屿缭空舟到
丽上群百一半飞月

歸家新月月動
大亞灣牛秋
陳林博夫雁頂秋色
従維栅其詩意畫
歲次辛丑初冬従維

Shenzhen Ten Peaks

Comprehending this
City from Treks

Mumu

大雁顶

百屿熨波天海间

丽日相邀又上山　上山却往下山看

群峰叠翠雾云外　百屿熨波天海间

一缕岚烟方袅袅　半空霞彩已翩翩

飞舟不忍辞归客　月到中秋大亚湾

大雁顶全貌

此刻，我又站在了大雁顶上。高风爽意辟空而来，视野远阔，缕缕岚雾使赤裸裸的阳光漫出几分温柔。极目七娘山，诸峰巍峨绵延，云舒云卷。鸟瞰大亚湾，白浪青波，飞舟如练，演绎着海天一色的浪漫。

如果有一座山，能让你一登再登，连续两天在同一条山路上往返，不仅不觉枯燥，反而收获不一样的感动，那就是秋天的大雁顶了。大雁顶地处大鹏半岛东南部，海拔约 800 米，为七娘山脉第二高峰。这个高度在内陆地区并不显眼，在海边却有一种拔地而起直冲云霄的感觉。

大雁顶率七娘山诸峰，四面环海而以狭长山脊与陆地相连，如鲲鹏展翅，翱翔于南海之滨。深圳作为古火山运动遗迹上的滨海城市，气候温暖湿润，碧海，蓝天，青山，绿树，都不稀奇。但像大雁顶这样汇集诸般山海风光于一体，把山形海韵演绎到极致者，还是比较罕见的。而其广纳南海暖湿气流，依山而上形成云雾，或淡如烟，或浓如盖，瞬息万变，缭绕于山峦沟壑之间，亦是一绝。

　　我们第一天上山，遇到的就是浓雾天气。在山脚下还不觉得，天有些阴，潮湿闷热，阳光透过云层，远海近山虽然不是很清晰，但能看出大体轮廓。到了半山，只见浓雾夹着细雨，铺天盖地而来，不多时便被笼罩在茫茫雨雾之中，分不清东南西北了。视力所及不过十余米，走到林荫深处，竟有些瘆人。山顶也是浓雾，近旁有茅草随风起伏，远处则白茫茫一片，不知道哪边是山，哪边是海。

　　大雁顶顶峰立有一块木质标示牌，我们在牌前流连着不肯离去。两个巡山员走过来，说天气不好，恐有雷电，请我们尽快下山。大家只好作罢，自我解嘲道：也许像大雁顶这样号称深圳第一的山海美景，不是一次登临就能让你看到全貌的。

　　下山途中，遇上阵雨，雾却有些消散的迹象。到得山脚，雨歇云开，夕阳余晖下的海滩，一片热闹景象。要不是回头看见云遮雾罩的山峰在天边若隐若现，此伏彼起，恐怕早已忘记刚刚还置身浓雾中的感觉。

鹿雁科考线

　　入夜，天越发晴得干净了。适逢中秋，南国海天月色毫不吝惜地展示出它的靓丽和妩媚来。奇形的云朵，在黛蓝的天空飘浮着。月亮先是躲在云后，把云块镶上一层金边，继而跳出云团，孤悬夜空，清辉如泻。不知不觉，云的光边从金色变成了银色，隐隐透出清凉，万籁声宁，千峰默然。忆及白天山上所见，对照眼前粼粼波光，海风轻拂，叹为仙境：

> 期期访七娘　自许是檀郎
> 南国秋风起　东洲大雁翔
> 荫深浮紫气　雾重入仙乡
> 却道婵娟好　邀来就杜康

　　这便有了第二天的故事。由于雨后放晴，旭日朗照，晨空明亮如洗，七娘山诸峰逶迤裸呈，仿佛触手可及。我们原计划是去登大笔架山的，却因突然而来的丽日晴空改了主意：再登大雁顶，让今天的秀色与昨天的雾云两相对比，从而把这可遇不可求的山海大观存于记忆之中。

期之访七娘自许是檀郎

南国朔风苦东渡大雁难

荫深浮云亲霖露重入侨乡

却道娉婷每返来就杜康

木未诗 大鹏霁日

辛丑冬月 育霆

月亮躲在云后

鹿咀是电影《美人鱼》的主要取景地

美人鱼洞

回望大雁顶

　　重复昨日路线，但感觉大不同了。登大雁顶通常从鹿咀起步，沿鹿雁科考线上行，途经多处观景平台，或南北东西，或上下左右，交替观赏各色景致，在山、水、岛、湾转换中直达山顶。鹿咀是大鹏半岛伸向海心的一个小半岛，由于台风冲毁了前往鹿咀的公路，我们只得坐快艇前往，在一个遍布嶙峋怪石的小码头下船，穿过沙滩到鹿雁科考线起点，先行一段弯曲的缓坡路，再拾级而上。大雁顶的石阶不如七娘山陡峭，但路程更长，一路上去还是颇费体力的。

　　大雁顶俏立于大鹏半岛东头，由此西望，七娘山脉呈现百态千姿：峰峦沟壑绵延起伏，岩石溪瀑独具形胜，丰茂的植被和动物资源，变幻莫测的云层、岚雾、霞晖……七娘山脉是一个比较大的山群，自西而东，由新大、高岭、东涌、鹿咀四个片区组成。有名的山峰除七娘山、大雁顶外，还有老虎座、三角山、川螺石、雷打公石、羊公秃、鸡公秃、高岭、东风岭等十余座。林森森，草萋萋，雾霭霭，水潺潺，置身其间，让人流连忘返。听资深驴友讲，如果不做好充分准备贸然进入，是很容易迷路的。

西则绵延，东则辽阔。大雁顶山景秀丽，水景更具特色。在七娘山脉东延半岛上，有一个低矮的小山头，名"海柴角"，为深圳陆地最东端，因而是这座滨海城市最早看到太阳的地方。丽日霞晖下，海柴角如一艘巨轮驶向大海，劈波斩浪。由海柴角往南，是烟波浩渺的南中国海，往北则进入大亚湾主体水域。大亚湾三面环山，北枕铁炉障山脉，平海半岛和大鹏半岛东西分峙，如张开的巨臂，拥抱着这一湾碧水。整个海湾底部地貌平缓，平均水深 11 米，由北至南分布着港口列岛、中央列岛、辣甲列岛三大岛群，百屿熨波，天海相接。

海湾西南部有大鹏澳，为深入大鹏半岛的小内湾，因湾口的大辣甲、小辣甲等岛屿阻挡了来自南海的风浪，成为天然良港。浪骑游艇会、大鹏游艇会、七星湾游艇会等海上娱乐设施，画龙点睛般装点着一湾无敌海景。鹿咀附近海域，则分布着各种形状的断崖，崖底有潮水悄然涨退，海面上点缀着或大或小的礁石，形象生动，如立似卧，在黄昏时节柔和的阳光映衬下特别有层次感。同时，霞光将天空染上暖色调，层层叠叠，唯美而梦幻。不少摄影发烧友把这里当作拍照、摄像的胜地，经常有人来拍婚纱照或广告片。难怪周星驰拍摄《美人鱼》，要选这里作主要外景地。

美不胜收的山色水韵，因了岚雾缠绵而平添动感。晴朗天气里的"云雾"，与阴雨天的"水雾"，呈现出完全不同的格调。昨天我们在阴雨绵绵的水雾中穿行，感觉像是被浓雾吞噬了。今天却是云雾在身边飘然环绕，有一种腾云驾雾的感觉。在人与雾的互动中，水雾让人归于雾，压抑而无助；云雾让雾归于人，轻盈而潇洒。

当我们坐上返程的快艇，但见落霞孤鹜，秋水长天，一轮中秋月从海平面冉冉而起，不舍之情油然而生……

深圳十峰

笔架随想

寻纷笔今远新上心

处纷秋古脉时台地

何已春绘一四莲天

烟外杆云桑景里行

硝石三成沧兑万五

火城空墨载前君话

砲所凌泼千眼与却

苑嬌何烟薄路
苑城為不已物物
潛空三村起村筆
古今寫守筆繪
眼岸一脈遠畫
新書上無處四時
江話玉林新行卻天忙
筆船隨相得
歲次辛未冬月
程振國畫

Shenzhen
Ten Peaks
Comprehending this
City from Treks

Mumu

大笔架山
泼墨成云绘古今

炮火硝烟何处寻　所城内外已纷纷

凌空三杆春秋笔　泼墨成云绘古今

千载沧桑一脉远　眼前光景四时新

与君万里莲台上　却话五行天地心

　　在深圳十峰中，九峰都铺设了水泥硬化路面或平整石阶，唯有大笔架山不仅山形高耸，且山路原始，未经任何修葺。坡度极大的羊肠小道，石乱坡陡，需手脚并用，名副其实当得起"攀登"二字。

　　深圳多山，尤以东部为甚。数十座山岭高低错落，蜿蜒入海，与惠州境内诸山同属莲花山系。整个山系从东北往西南铺延，在大鹏半岛北边深惠交界处形成一条颇具挑战性的户外徒步路线，被视为深圳驴友的毕业线。路线全程约18公里，翻越30多个山头，累计爬升超过2000余米，均为原始山野径，不少路段在密林和茅草丛中穿行。这条路线起于三杆笔下小桂村，终于水祖坑老游泳池，故称三水线。除了三杆笔、水祖坑外，沿途还有火烧天、土地庙、金龟村等地，地名涵盖金木水火土，故又称五行线。

　　三水线峰坳相连，曲折起伏，似苍龙腾跃于山海。最高峰名笔架山，位于三杆笔与火烧天之间。为了同市区的两座笔架山（分别位于宝安、福田）相区别，通常被称作大笔架山。主峰海拔717米，为深圳第五高峰。山脊逶迤，三峰微凸，形如笔架。在大亚湾西北部哑铃湾畔，大笔架山如一道屏风横亘于深惠之间，山势雄伟壮观，风光幽深阔远。

登山径从海边起步，穿过惠深沿海高速公路的排水涵洞，进入三杆笔的陡坡路。三杆笔因三个高耸的山峰相连而得名，这段路坡度达60度，成为攀登大笔架山最难路段，仿佛起始就给挑战者一个下马威。不过，随着地势迅速抬升，山海景象变化很快，令人目不暇接，劳累多少得以缓解。

时逢雨后初晴，云雾在身边缭绕，攀援之间，穿云破雾，颇有成就感。一俟登顶，豁然开朗，只觉山远水阔，千峰万壑恣意铺展。中国山水画之"三远"意境：高远、深远、平远，仿佛一下子朝眼底奔来，让人油然而生追古怀远之意。想这万里莲花山脉，千秋人世沧桑，阴阳五行相生相克，多少风云故事在天地间演绎……

60度陡坡是最好的观景台

乘风破浪出苍茫

陡峭原始的山路

简易的铁制路标

由此鸟瞰大亚湾，虽然没有大雁顶开阔，但哑铃湾深入内陆，波平如镜，大小岛屿星罗棋布，别有韵味。不同形状的沙滩，颜色各异，与多样化的植被和建筑群相辅相依，美不胜收。这片山环水绕的桃源水乡，便是遐迩闻名的坝光村——深圳众多生态走廊之一，被驴友称作"鹏城九寨沟"。远远望去，村落里一片静谧，芭蕉林、灌木丛、银叶树各呈其胜，长满绿草的滩涂与蔚蓝的海水相映成趣。

俗话说，这山望着那山高。海湾对面是一道雄浑宽广的山梁，山腰云遮雾罩，山顶犬牙交错，海阔天空下显得格外突兀。整个大笔架山之行，翻山越岭，都是围绕坝光村和远眺这座山梁进行的。同行山友向北兄告知，那是排牙山，山背后是大鹏所城。

排牙山？大鹏所城？一种久违的情愫漫上心头。当年在香港工作，研读过一阵九龙寨城的历史，对大鹏所城的掌故有所涉猎。作为明清时期举足轻重的海防要塞，大鹏所城驻守水师是打响鸦片战争第一枪的劲旅。1839 年 9 月，面对英军挑衅，大鹏水师在香港九龙海面迎头痛击，史称九龙海战。由此掀起南海滔天风云，改写了广东和整个中国的历史。

大鹏所城是一处风水宝地，以绵亘的排牙山为靠，秀丽的七娘山为照，左为龙山，右为虎山，前面是一片天然潟湖，出入机动，易守难攻。所城内赖氏一门将才辈出，三代五将军，威震南粤。九龙海战总指挥赖恩爵，时任大鹏营参将，在虎门销烟时即为收缴销毁鸦片的实际执行者，深得林则徐赏识。此次率大鹏营水师出征，首战告捷，道光帝龙颜大悦，将大鹏营升格为大鹏协，提拔赖恩爵任最高司令官。一时间，官兵严阵以待，士气高昂，南国海防大有固若金汤之势。

然而，所城风水好，将军本领高，终究敌不过大势，鸦片战争还是以割地赔款为结局。香港被割让，人说非战之罪。后来升任广东水师提督的赖恩爵将军对此耿耿于怀，抑郁而终，留下遗训：吾忧朝廷腐败而忧，吾乐收回香港而乐。1997年6月30日，散居各地的赖氏子孙回乡祭祖，悬挂匾额于祖宅院墙，上书"收回香港，还我祖愿"八个金色大字。个中滋味，

深圳惠州界碑

大笔架山之巅

土地庙

徒步标识条

令人欣慰，亦让人唏嘘不已。

悠悠思绪，从历史回到现实，我们来到大笔架山以西的另一个山头，名火烧天。这是三水线上第三高峰，或因处于风口，植被与大笔架山不同，眼前茅草萋萋，山石裸呈，远方山脉绵延不绝。由于没有树木遮挡，风吹得急，汗湿的衣衫冰凉。我们坐在几块大石头后面躲风御寒，互相说着一些鼓劲的话。真所谓：大笔高天架，火烧彻骨寒。关于火烧天名字的来历，一种说法是夕阳西下时分，从坝光村仰望，晚霞笼罩着山顶，恰似火烧半天云。但在此时看来，遍坡即将入冬的茅草，剑叶已泛枯黄，抽穗则一片猩红，在凛冽山风吹拂下，岂不是熊熊火焰燃烧天际？

翻过火烧天，三水线开始折向西北方向，一路陡坡直下土地庙，瞬间把排牙山和坝光村抛在了脑后。土地庙是一个山垭口，因荒野中立有一座不知建于何年何月的小庙台而得名。这是三水线第一个下撤点，也是我们此行的终点。地势低矮，森林茂密，溪流潺潺，好一处幽静所在。

　　从火烧天到土地庙，一路都是陡峭的土坡，坡度之大超出想象，且因茂密树荫挡了阳光而有些泥泞。途中见到几个年轻女孩，显然缺乏行山经验，坐在地上，四肢着地，一步步小心翼翼往下挪。我们也有两位同行者摔了几跤，心生恐惧，速度便慢了下来。平常四五个小时的路程，走了七八个小时。下得山来，天已擦黑。也许是风光旖旎分散了注意力，又或是走走停停，倒不觉得十分疲累。

　　山是下来了，心却有些不甘，眼见三水线向天边延伸，总有一种跃跃欲试的冲动。于是在第二个周末，我们重新踏上了这条山野径。从上午九点到下午七点，整整走了十个小时，完成三水线全程打卡。沿途风光与大笔架山大同小异，原始山径迂回曲折，不时可见山乡小镇，珍珠般散落于绿野之间，孕育着无限生机。

深圳十峰

凤凰传说

席山古天节烟处安
水凰今海气炊悠宝
珠凤通映培望遥唤
洋郁脉心间上磬秋
洋郁文丹垄楼钟千

Shenzhen
Ten Peaks
Comprehending this
City from Treks

Mumu

凤凰山

文脉千秋唤宝安

洋洋珠水岸　郁郁凤凰山

文脉通今古　丹心映海天

垄间培气节　楼上望炊烟

钟磬悠悠处　千秋唤宝安

本焕长老题写山名

来到山前，过一座小桥，迎面一尊巨石，上刻"凤凰山"
三个楷书大字，通体透红，万绿丛中依山而立，朴实，沉稳，
厚重。像这样用超大字号题写山名，在深圳还有一座阳台山。
不过阳台山题在山顶，凌空而起，飘逸潇洒；凤凰山题在山脚，
雄势内敛，顶天立地却不咄咄逼人。

题字由南国高僧本焕大师所书，表明凤凰山与佛教大有渊
源。深圳因其迅猛的发展速度而被称作"一夜城"，但作为南
国古邑，建城历史并不短。东有大鹏所城，为明清时期首屈一
指的海防重镇，"鹏城"之名便由此而来。西有南头古城，是
海上丝绸之路重要港口，迄今已逾 1700 年。佛教文化也是由
来已久，赓续不绝。由于本焕长老佛名远播，世人只对弘法寺
的香火印象深刻。殊不知，深圳另有两座寺庙历史底蕴更加深
厚：一是明洪武年间与大鹏所城同期落成的东山寺，一是建于
元代初年的凤岩古庙。

凤凰山位于珠江口东岸，半月形山脊呈东北—西南走向，
山势平缓，植被丰茂，素有"宝安第一山"之称。最高峰名大

茅山（凤凰山古称茅山），海拔 376 米，其北有飞云岭与之遥相呼应。飞云岭南侧山腰上，累累巨石杂然堆砌，中空若室，广约数丈，称凤凰岩。凤凰岩享誉已久，清代即被列为"新安八景"之一，《新安县志》述其"巨石嵯峨"，"洞澈若堂室"，"传昔有凤凰栖于内"，故得名。凤岩古庙便建在凤凰岩旁边空地上，为凤凰山森林公园主体景观。

　　登山径多是石阶，蜿蜒曲折，坡度不大，缓步徐行一个小时即可登顶大茅山。行至半途，转过一处小山坳，进入凤岩古庙广场。这里三面环山，一面望海，视野开阔，古寺森然，是远近闻名的观音道场。信众求子嗣求姻缘，长年游人熙熙，香烟袅袅。

　　首先映入眼帘的是各种精美雕塑，石雕为主，辅以砖雕泥塑。广场两侧各立了四根石柱，上有龙凤浮雕，龙为雨，凤为风，寓意风调雨顺。古庙廊柱亦为石柱，镂空凤雕。庙顶为琉璃瓦，正脊中央塑有莲座宝葫芦，两侧各有一只大凤凰带着两只小凤凰翩翩飞舞。古庙四周景点密布，颇带诗情画意：左有烟楼晚望、鸡心修竹、石乳清湖，右有莺石点头、净瓶洒露、长寿仙井，前有松径风琴，后有云顶参天。此所谓"凤岩八景"，众星拱月一般，演绎着古庙景区的丰富内涵。山岩上刻着文人墨客的诗词，树林间挂满祈福的许愿牌，新筑的望海楼上秋风爽朗，天远海阔……

在深圳十峰中，有三座山峰以人文见长，自然风光倒在其次。位于市中心的莲花山，众所周知，是改革开放的象征。此外，因大南山有南头古城，凤凰山有凤凰古村，双双成为历史悠久的文化名山。大南山的寿文化，凤凰山的福文化，在岭南名头不小。凤凰山被誉为"凤山福水福盈地"，从山门到凤岩古庙999级麻石台阶，每级台阶刻有一个小小的"福"字，各景点或以其名或以其形或以其势，多多少少都含有祈福的寓意。

凤岩古庙亦因祭祖祈福而生。南宋末年，文天祥胞弟、惠州知府文璧降元，其长孙文应麟不满祖父所为，携二子辗转来到凤凰山脚下隐居。文应麟感慕伯祖父文天祥的气节，誓不与元朝官府来往，从此闲云野鹤，再没踏进县城一步。当其时，兵荒马乱，百废待兴。文应麟怜百姓困苦，在山顶建一小楼，夕阳西下，凭楼远眺，凡家无炊烟者，便送粮米赈济。百姓感其恩德，咸称望烟楼。

一日，文应麟经过凤凰岩，只见岩石奇特，山岭俊秀，林木葱郁，祥云环绕。观此地势，后倚云顶鳌峰，前拥珠水龙穴，好一处风水宝地。他决定在这里建一座观音庙，纪念伯祖父文天祥。为避免官府找麻烦，对外称自己受观音菩萨托梦，结下"紫竹林中观自在，白莲台上现如来"佛缘，遂发愿造庙，为苍生祈福。一俟庙成，尽收山海之趣、林泉之妙、佛禅之境，香火长盛不衰。据庙中碑文记载，古庙创建以来，"遐迩人士游玩，置礼谒惟虔，由来已久。更有骚人墨士，吟山咏物，多著诗章；名师宿儒，讲学授徒，长留教泽"。

山不在高，有仙则名

仙洞

凤凰塔

许愿池

身在福中

山中的凤岩古庙，与山下的文氏古村和山顶的落霞古韵一起，构成了凤凰山儒释道共融的立体景观。文氏古村原名岭下村，亦名凤凰村。文氏子孙从这里开枝散叶，繁衍生息700余年，耕读传家，成为宝安望族。这是一座典型的岭南古村落，保存有大量广府古建筑。占地5.2万平方米，尚存69座明清民居、5座私塾书室、12座公祠、12口古井、12棵古树……凤凰古村因其独特的历史文化价值，被深圳市列入六大重点古村落，成为研究广府文化的重要载体。

在古村西面路口，耸立着一座高约20米的六角青砖古塔，始建于清嘉庆年间，是深圳市现存最高古塔。塔高六层，每层塔门均有石匾：第一层"凤阁朝阳"，第二层"开文运"，第三层"经纬楼"，第四层"独占"，第五层"直上"，第六层"绮汉"。字体为楷书阳文，风骨遒劲，气脉偾张。此塔名文昌塔，由文氏族人捐资修建，既为教化，亦表祝愿。塔边一股溪流，绕塔而去，穿过森森绿榕，汇入滔滔珠江。

凤凰山因山体不高，山路平缓，离市区近，不少市民将其作为健身之所。而朝晖夕阴，气象万千，信步登临，凭栏怀古，念天地之悠悠，亦为文人墨客所钟爱。落霞时分，尤是风光旖旎，苍山如海，残阳如血，浮岚如缕，洋洋珠水盈波，勃勃鹏城张翼，一种天造地化世事沧桑之感扑面而来。

此时此刻，临虚而立，极目鸟瞰，深圳城市重心西移迹象赫然可见。随着前海合作区大扩容，顺珠江而上，航空新城、会展新城、海洋新城几大片区依次呈现。大潮浩浩汤汤，逝者如斯，不舍昼夜！耳边隐约响起网络歌手飞鸿演唱的《凤凰山之歌》：

遥望凤岩古庙
茂林深处哟绿水潺潺
晶莹的玉露
莺石点头花草比娇艳

遥望珠江碧水
江流滔滔哟天地浩然

轻径的风琴

文山诗篇沧海气非凡

凤凰山啊

往事如烟一去不复返

半山亭里的美丽姑娘

深情为我撑起了花纸伞

烟楼晚望我们一起手挽手

看那凤舞春花飞满天

深圳十峰

南山故事

天仙海篇涌鲜上帆
南寿后云潮色路扬
起访前凤春霁丝共
意熙来谱水州看港
秋熙何谁一九迁深

絲路上深港共揚帆

歲次辛丑初冬書陳林詩南山故事從成

畫

Shenzhen
Ten Peaks
Comprehending this
City from Treks

Mumu

大南山
遥看丝路共扬帆

秋意起南天　熙熙访寿仙

何来前后海　谁谱风云篇

一水春潮涌　九州霁色鲜

还看丝路上　深港共扬帆

深圳湾沿岸风光

南头半岛位于珠江出海口与深圳湾之间，原本是一个狭长的半岛。岛上有峰名大南山、龟山、小南山，海拔分别为336米、275米、150米。加上一些更低矮的山丘，诸峰逶迤，形似巨蟒蛰伏。半岛东南端有一豁口，如巨蟒张嘴吸水，称蛇口。

不过现在南头半岛已不复狭长，两旁凸出了许多，那是40年来填海造地的结果。若从高空俯瞰，半岛与其说像巨蟒，不如说更像大海龟，逶迤诸峰已然从蛇身变成了龟背。碰巧，龟年鹤寿，寿比南山，如今的大南山确实成了著名的寿文化道场。

我曾多次伫立于深圳地图前，凝视着这个神奇的小半岛。岛咀突出，东履深圳湾盈盈碧波，蛇口自贸区意气风发；西濒珠江口滔滔流水，前海合作区方兴未艾。想当年，蛇口打响了改革开放第一炮；看如今，前海寄托着多少人对未来的畅想。深圳称鹏城，南头半岛恰似鲲鹏之首，引领这座南国新城，风雨无阻，振翅飞翔。

上大南山，可从三个方向登顶：北有东滨路登山口，东有海关登山口，南有别墅登山口。每个登山口都不止一条登山路线。其中，北登山口除登山步道外，还有盘山公路，路程较长但坡度稍缓，可驾驶，可骑行，亦可安步当车。海关登山口初始有一段缓坡路，然后就是石阶了，路不长，但比较陡。别墅登山口经龟山上大南山，路程也是比较长的，而且抬脚便是石阶，攀登起来颇见功力。

此次大南山之行，我们是从别墅登山口上山，海关登山口下山的。别墅登山口有两条登山步道，东为一号登山道，西为别墅登山道。为更好观赏珠江口及沿岸风光，我们选择了路程稍远的别墅登山道。

登山道入口处，红彤彤的四个楷体大字"寿比南山"镌刻在错落排列的四块乌黑巨石上，有一种跃动感。旁边是陡峭的石阶，往上攀爬，走得急了，竟有些气喘吁吁。一些路段修在悬崖上，往下看隐隐生出眩晕的感觉。不过，越往上走，视野越开阔，山海大观的意象扑面而来。

湾区之眼

寿比南山

反映寿文化的亭台碑刻，也渐渐多了起来。祈寿亭、延寿亭、益寿亭、福寿亭、集寿亭、祝寿亭、赐寿亭以及百寿廊等，依次映入眼帘。或亭台内，或山径边，或崖壁上，不时可见描述五禽戏、八段锦的石刻，图文并茂地解说动作要领。

路旁斜坡上横卧一黝黑巨石，上刻数段养生箴言，有的出自坊间，有的则是圣贤语录。其中两段，当下读来，感触尤深。一段出自《论语》："君子有三戒：少之时，血气未定，戒之在色；及其壮也，血气方刚，戒之在斗；及其老也，血气既衰，戒之在得。"一段出自《庄子》："吾生也有涯，而知也无涯。以有涯随无涯，殆已！已而为知者，殆而已矣！为善无近名，为恶无近刑。缘督以为经，可以保身，可以全生，可以养亲，可以尽年。"各段语录随意排列，标点和分段并无一定之规，好在都是些熟悉的话，读起来并不费劲。最后归为一联：但愿有头生白发，何忧无地觅黄金。

我们在箴言石旁驻足吟诵，权作小憩。随后继续攀爬，又见山石上刻有一联：老行千里全凭胆，吟向千峰屡掉头。此联出自清代诗人袁枚的绝句《老行》，个中意境，正合我心。但不知为何没把后两句"总觉名山似名士，不蒙一见不甘休"一并刻录出来。须知，脚下的大南山，于我也是名士般的存在，不见不休啊！

　　沿途建有数个视野极好的观景点，而尤以齐天亭和明灯广场为最，分别位于龟山和大南山之巅，可 360 度观赏南头半岛周边景物。北望南山、宝安中心城区，一片繁华景象。高楼大厦间隐约可见南头古城旧址，迄今已逾 1700 年。古城一向是深圳及香港的前身新安县县治所在地，海上丝绸之路的重要港口。而今，随着"一带一路"倡议提出，粤港澳大湾区规划出台，深圳、香港再次成为重要的节点。新旧对比，分明感受到一种历史的传承和脉动。

　　南望珠江口伶仃洋，被南头半岛一分为二，东称后海湾（深圳湾），西称前海湾（大铲湾）。后海一带，远有香港流浮山、天水围景观，水天一色中，山走城随，飘逸灵动；近有蛇口港和深圳湾超级总部基地，活力四溢，充满期待；深圳湾大桥横

八段锦示意图

小亭大观

卧于万顷碧波之上，成为深港合作优质发展圈的主动脉。前海一带，放眼望去，桂湾金融商务城、前湾综合产业城、妈湾自由贸易城交融发展，方兴未艾；广深沿江高速公路御波踏浪，如一条玉带飘然北上，把前海合作区大扩容之后各区块串联在一起；由远及近，小南山率妈湾、赤湾奔来眼底，葱郁的山水胜景和繁忙的港口贸易中，依稀透出妈祖庙、宋少帝墓、赤湾炮台、林则徐铜像承载的历史风雨。

于斯时，东西水域海天相接，平波如镜，长桥如虹，李太白"两水夹明镜，双桥落彩虹"意境勃然而现。只不过，诗仙的小山水固然洒脱空明，终究不如眼前的大山水豪迈壮美。

沿江高速公路蜿蜒越过前海湾，与湛蓝的海水相互映衬，如一只天眼遥望星辰大海。这被称作"湾区之眼"，大名鼎鼎的前海石便屹立在旁边。前海依托香港，服务内地，面向世界，正着力建设"特区中的特区"，打造"最浓缩最精华的核心引擎"。在这一伟大历史进程中，深圳、香港双城故事必将精彩纷呈。习近平总书记明确指出，前海要增强与香港的关联度，为香港结构优化发挥杠杆作用，为香港发展拓展空间。深化深港合作，相互借助，相得益彰，在共建"一带一路"、推进粤港澳大湾区建设、高水平参与国际合作方面发挥更大作用。

蛇口改革的操盘手招商局集团这样概括"蛇口基因"：企业业务层面的变革，推动思想、人才和生产力层面的解放，创新实践像一根注入外来有益经济因素对传统经济体制进行改革的试管，开启了中国社会主义现代化建设的新时代。如今，若以蛇口为原点画一个半径100公里的圆圈，大湾区中心城市尽在其中。这是一个拥有一国两制优势和最强创新活力的圆圈，承载了10多万亿元的GDP，分布着七座机场和七大港口区，高等级的铁路、公路密如蛛网……

抚今追昔，我仿佛听到了当年蛇口的开山炮声，听到了总书记三次莅临前海向全世界发出"改革不停顿，开放不止步"的庄严宣示，一幅大湾区的壮阔画卷在眼前徐徐展开。以这样的视角看大南山，它显然不只属于深圳，也属于中国，属于世界。凭栏远眺，天高海阔，一曲《水调歌头》，悠悠浮上心头：

秋露凝珠水，明月下青山。

何处当年偷渡，回首已茫然。

杀出一条血路，换得通衢华宇，弹指四十年。

南粤春潮涌，天下敢为先。

过蛇口，倚前海，跨双湾。

几片滩涂旧地，次第展华颜。

且以湾区支点，联动九州杠杆，丝练舞人寰。

放眼新时代，风正再扬帆。

秋霜凝珠如明月　下青山何需畫筆傳　渡迎
首已蒼然　殺出一條血路　換得通衢華宇彈
指四十年　牽粤事澎湃　飞飞敢為先　過蛇口岸
前海跨雙灣　繁华灘涂舊地　次第展華顏且
川灣西支點聯動九州　杠杆絲練舞人寰放眼
新時代風正再揚帆

本詞　水調歌頭　大南山的述說

辛丑冬月　建堂

深圳十峰

莲山春早

公中赋松外同日峰
邓园城雪界州圆小
忆此新傲三九梦皆
销起作栽花意夏山
虹初好与莲盛华众
霁潮末与辨拳当览
雨大客谁辨拳会一

Shenzhen
Ten Peaks

Comprehending this
City from Treks

Mumu

莲花山

大潮初起此园中

雨霁虹销忆邓公　大潮初起此园中

客来好作新城赋　谁与共栽傲雪松

瓣瓣莲花三界外　拳拳盛意九州同

会当华夏梦圆日　一览众山皆小峰

深圳十峰，来到最后一峰。莲花山不高，海拔只有 106 米。所以今天的行程不像登山，更像游园。可自古山高人为峰，水远船是岸，再高的山也高不过人，人可以令山的高度得到提升。当我仰望山顶上昂首阔步的邓公塑像，方知莲花山的巍峨，全深圳无峰可比。

深圳经济特区建立前，莲花山不过是个普通山丘，是宝安县众多山丘之一。甚至严格说来，山丘都算不上，只是一块高地。历史上分属三个村，并没有统一名称：南坡属岗厦村，村民称其大王岭；北坡分属上、下梅林村，分别被村民称作莲花梁、九江坳。最早以莲花山来命名这块高地，源于上世纪 50 年代初。当时，解放军工程兵在高地上修筑边防设施，标注地图时选用了莲花山这一名称。不过，村民还是沿用旧称谓的多。

深圳诸山皆出自莲花山脉，唯此峰得以"莲花山"命名，可见其特殊价值。莲花山脉是粤东南三大山脉之一，呈东北—西南走向。主脉从东北的大埔县至西南的惠东县，长约 280 公里。余脉延伸至深圳、香港，没于南海离岛。莲花山脉在深圳的支脉为梧桐山脉，由梧桐山脉又分成三个支系，即七娘山系、鸡公山系和阳台山系。按堪舆学家的说法，三个支系构成了深圳的三条主龙脉，所有风水旺地均在其上。而莲花山，正处于鸡公山系与阳台山系的交会点上。

深圳市政府筹建莲花山公园，是在 1992 年 10 月，即邓小平视察南方后不久，1997 年香港回归前夕正式开放。建成不过数年，莲花山公园就名动大江南北，入选全国红色旅游景点景区名录。公园修得很漂亮，占地 194 公顷，草坪、湖泊、树林错落有致，石阶步道与蜿蜒车道穿插互补，风筝广场和山顶广场遥相呼应，成为市民举家休闲首选。景区大致呈棱台形，南起红荔路，北到莲花路，东起彩田路，西到新洲路，四面皆有入口，而以南面为主入口。

在调入深圳工作之前，深圳十峰中我唯一到过莲花山。每次上莲花山，其实都不只是为了登山，所思所想亦在山水之外。包括此次选择莲花山作为打卡深圳十峰的收官之行，也主要是考虑它的纪念意义。

邓小平同志塑像

深圳中轴线

山水与游人，是相互成全的。人寄情于山水，山水因人而被赋予意义。所谓"山不在高，有仙则名"，固然指山中高人，又何尝不指游山者呢？古往今来，山还是那座山，人已不是昔日之人的情况屡见不鲜。莲花山因其特别的因缘，更成为引人深思、游目骋怀之地。近几年三上莲花山，由于自己身份不同了，感受也大不相同。

一上莲花山，是 2018 年 6 月，我当时还是香港中联办青年工作部部长。来自香港社会各界的 150 名青年才俊，组成"国家发展战略与香港青年机遇"参访团，由我带队，乘高铁北上，跨珠江、长江、黄河，直达北京。参访团从莲花山公园山顶广场邓小平塑像前起步，缅怀改革开放总设计师，破析香港与改革开放的不解之缘，思考新时代香港青年的出路。

改革开放带来的历史机遇，成就了一代香港青年。而深圳作为中国改革开放的领头羊，也深深打上了香港的烙印。如今，面对深圳河两岸的风物变迁，这些青年朋友的心情定然不会平静。香港人一直以学习能力强，富于机遇意识和探索精神而著称。世界局势瞬息万变，科技进步日新月异，香港社会却不时泛起孤芳自赏、抱残守缺的沉渣，令发展的步履有些蹒跚，很多年轻人的国际视野反而不如内地年轻人。他们的出路在哪里？也许这个参访团"国家发展战略与香港青年机遇"的主题，便蕴藏了答案。莲花山上，深港两地青年齐声诵读《青春献词》的场景历历在目：

大鹏展翅，莲花呈祥；

缅怀邓公，山高水长。

荷叶

自我完善

作者:潘鹤

2012.

公园雕塑

改革开放，振兴华夏；

一国两制，光耀香江。

新时代，新征程；

新青年，新希望。

携手并进，共担"两个建设好"历史重任；

同心勠力，共享民族复兴伟大荣光。

历经风雨来时路，

满怀豪情赴天涯。

融入中国梦，

青春再出发！

二上莲花山，是 2020 年底，我结束了驻港工作，返京路过深圳。当时北国已入凛冬，一片肃杀，深圳还是遍地红花绿叶。庆祝深圳经济特区建立 40 周年大会刚开过不久，舆论还集中在学习贯彻习近平总书记重要讲话，总结经济特区建设经验，在更高起点上推进改革开放上。同行的几位朋友，都有过驻港

风筝广场

经历，现在都在深圳工作。由于时间比较充裕，我们且行且聊，天南海北。印象最深的话题是，四个经济特区中，为什么只有深圳一骑绝尘，成了中国改革开放的重要引擎。

中国人做事，讲求天时、地利、人和。以天时论，深圳冬季无严寒，街头巷尾365天都是一片忙碌。不过，具备如此天时的南方城市并不鲜见，深圳之所以成为深圳，还因其特殊地利——毗邻香港。香港对深圳的影响，是全方位的。至于人和，恐怕有一点不容忽视：深圳基本上是白手起家，本土势力不强，各路人马八仙过海，上达天听，近凭港澳，远及海外。如此强大的人脉，还有什么办法想不出来，什么阻力不可化解？

三上莲花山，便是这次了，我已成为拥有鹏城户口的新深圳人。当我站在山顶广场向南眺望，一条城市中轴线穿过深圳市民服务中心大楼，连接香港青山绿水，直达遥远天际。 大楼外观如展翅的鲲鹏，气魄宏大，寓意深远。思及深圳经济特区40年来走过的路，不由人不感慨万千。

事非经过不知难！深圳走到今天，殊为不易。国内的争论来自方方面面，国际的博弈也是刀光剑影。邓小平两次视察，拨开迷雾，校正航向，确保改革开放的巨轮破浪前行。1984年是针对"辛辛苦苦几十年，一夜回到解放前"的质疑，掷地有声地表明：深圳的发展和经验证明，我们建立经济特区的政策是正确的。1992年视察期间发表的谈话作为《邓小平文选》的终篇，其意义更是非凡。时任深圳市委书记李灏这样对记者说：

　　我是1985年调到深圳的。我年年请他，都没来。到1992年不请自来。这次完全是他自己要来。邓小平虽然8年没来深圳，但他一直关注着深圳的发展。深圳成功不成功，关系到他的中国特色社会主义成功不成功。你想想当时我们是什么状况啊。对当时的国际局势，邓小平讲了三句话：第一句话，冷静观察；第二句话，稳住阵脚；第三句话，沉着应付。不要急，也急不得。要冷静、冷静、再冷静，埋头实干，做好一件事，我们自己的事。

　　簕杜鹃俗称三角梅，是深圳的市花。一年一度的簕杜鹃花展是莲花山公园的盛事，通常于 11 月中下旬开幕，历时 20 天。2021 年花展以"千园生态，万象生活"为主题，分城市花园、精品花园、未来花园、城市花集 4 个核心展区。其中，城市花园由全市 12 个区级架构（行政区、新区、深汕合作区、前海管理局）联手打造，每个区都尽情展示自己的特色和创意，无不匠心独运。秋风正爽，徜徉在充满生机的莲花山公园里，分明感受到深圳已进入百花争艳的新天地。

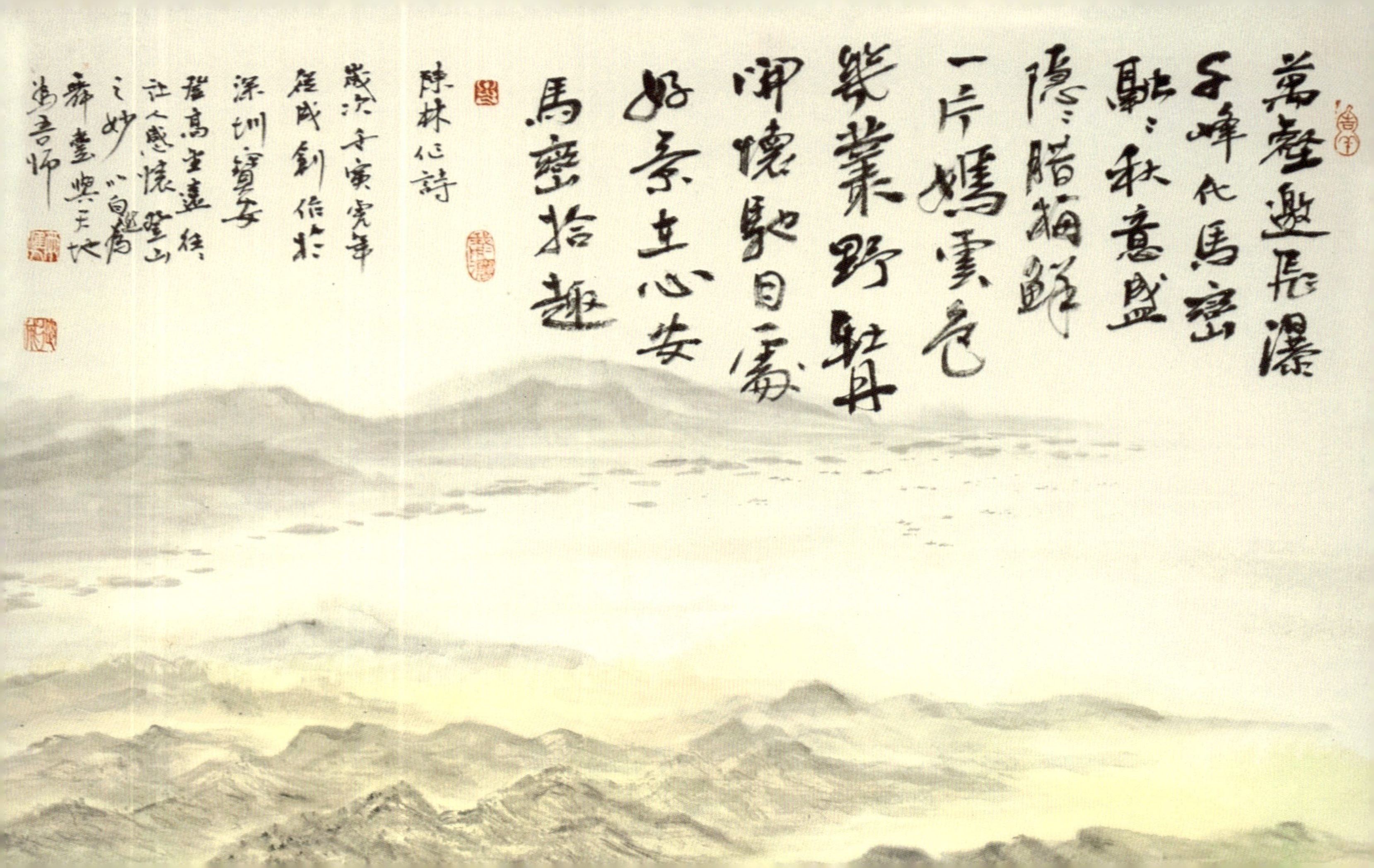

附录一

有座名叫马峦的山

万壑邀飞瀑　千峰化马峦

融融秋意盛　隐隐腊梅鲜

一片嫣云色　几丛野牡丹

开怀驰目处　好景在心安

万壑遥飞瀑布峰化为乌有

融之秋色盛陇之腊梅鲜

一片娇云色筆丛野牡丹

开怀和目云好景在心安

木木诗 马盏拾趣 辛丑冬月 青元

秋尽冬来，在深圳登山是一件尤为惬意的事。气温虽然不低，湿热的感觉已不复存在，高天流云扑面而来。此时你若登上这座名叫马峦的山，看远方层峦叠嶂似骏马奔腾，眼前一片野牡丹盛开，几朵腊梅悄然吐蕊，视野远阔，心地会分外敞亮。

深圳多山，山名大都朴实无华，每以动植物、神话传说或日常生活用品命名，如大雁顶、鹅公髻，梧桐山、莲花山，七娘山、凤凰山，笔架山、阳台山之类。不像北方的山，什么东岳泰山、西岳华山、北岳恒山、南岳衡山、中岳嵩山，压根儿不知道什么意思，显得很是高大上。

在这些充满乡土气息的山名中，马峦是一个很值得咀嚼的名字。它虽以动物命名，却不是象形，而是气势。马峦之马，当指马群，不指马匹。山势绵延，峰峦起伏，看不出哪座山头酷似马的形状，却可以从千峰耸峙中品出万马奔腾的豪迈来。

马峦山位于深圳市中东部，诸峰海拔介于300—600米之间。有盘山公路进入古村落，但登山径多为原始小道，穿密林，过溪涧，有些路段颇为陡峭，须攀爬而上。马峦山徒步，亦称马峦山穿越，与东西涌穿越、三水线穿越、梅林之翼穿越并称深圳四大精品远足路线。整个山地面积约 32 平方公里，邻近市区而古韵犹存，好一处世间桃源，殊为难得。

马峦山徒步通常是南北穿越，多数人选择从北边出发，沿山路一直走到小梅沙。也可以选择半程，走到东部华侨城，然后乘车离开。每逢周末和节假日，徒步者络绎不绝。我们那天走的是南线，一行十余人，从小梅沙停车场出发，抵达主峰梅亭后，再绕回小梅沙。起步便是坡度极大的石阶，蜿蜒而上，然后转入一条巨石累累的山溪。溪边有陡峭的攀援小道，需手脚并用方能前行。

溪流、水潭、瀑布在茂密的树林间时隐时现，是马峦山的特色。几乎全程都能听到或湍急或舒缓的水流声，但水喧山愈静，置身其间，让人感受到的反而是山谷的幽深。溪流水潭边，有游人闲坐小憩，或戏水拍照，水清石现处，可以看到小鱼游来游去。隐约觉得，眼前一泓泓山泉，一缕缕山风，宛若生活的加油站，一头连着柴米油盐，一头连着诗和远方。

所谓无溪不幽，无瀑不雄，马峦山有深圳最大的瀑布群。不时可见雪瀑高悬，玉水飞溅，岩石因水流冲刷而呈各种形态，大小不等，犬牙交错。瀑布下方有圆形或椭圆形深潭，称"跌水潭"。潭水外泻继续前行，先侵蚀有裂缝的岩石，裂缝逐渐增大，变成浅浅的小坑。坑里的水流形成旋涡，夹杂小石子，把水坑磨大磨深，最后形成圆形坑洞，称"壶穴"。跌水潭和壶穴都是水流给大自然交的作品，如行为艺术般演绎着自然界的故事。

溪流平缓处，植被便很丰茂。落叶层积，踩上去有轻微的摩擦断裂声，仿佛岁月在向你娓娓诉说生命的新陈代谢。繁木浓荫遮挡了秋阳直射，却有少许阳光从枝叶缝隙漏下来，光影斑驳，如入幻境。每临幽静处，不忍高声语。一路脚踏枯叶，心似禅悟，耳边鸟鸣宛转，蝉语悠扬，溪流潺潺，奏出大自然的交响乐章。

马峦飞瀑

马峦主峰梅亭

野牡丹

芦苇

野径

鸣虫观察点

马峦山属亚热带季风气候，自然植被多达 7 个植物亚型和 33 个群系，包括常绿针叶林、针阔叶混交林、常绿阔叶林、竹林、常绿灌木丛、灌草丛、海岸群丛等。沟谷溪畔，山坡林间，分布着兰花、白桂木等多种国家一级保护植物。动物资源也很丰富，计有两栖动物 18 种，爬行动物 29 种，哺乳类动物 22 种，其中属国家级保护动物的有虎纹蛙、蟒蛇、三线壳龟、穿山甲、水獭、小灵猫等。这里还是各种飞鸟的栖息天堂，共有鸟类 86 种，单国家重点保护鸟类就有 12 种。

马峦主峰建有一亭，名"梅亭"。马峦山郊野公园作为深圳最大的梅花景观区，有"千亩梅园，万株梅花"之称。不过，时令虽然已届小雪，南国秋意仍盛。前两天寒流来袭，催开了几朵腊梅花蕊，但漫山遍野的梅枝还光秃秃的，横斜支棱，漠然向天。倒是几丛野牡丹灿然绽放，装点着这份秋冬交接的南国风情。

梅亭之上，清风习习，举目四望，南接梅沙湾海天一色，北及坪山城区楼厦林立，东随大鹏半岛山峦起伏，西临三洲田盆地水陆相间，视野很是开阔。梅沙尖与马峦主峰一西一东，相峙而立，像雄伟的南天门守护着三洲田。这是一片富有英雄情怀的烟火人间，庚子首义的遗迹，掩映在宗祠碉楼、老井水塘、古木栈道的斑驳苔痕中。透过东部华侨城的现代化游乐设施，隐约可见散布于马峦古村落的岭南民居。这些有着 600 多年历史的客家民居保存完好，如今被开发成农家乐，特色餐食远近闻名。

　　自然山水与人文景观汇聚之处，登高望远，往往让人感怀。登山之妙，在于以大自然为舞台，唤醒平生经历和感悟，与天地对话，与历史对话，也与自己内心对话——

　　踏着落叶一路前行
　　仿佛听见岁月的声音

　　飞瀑御风而来
　　诉说天地间的浪漫

青山如骏马奔腾
掠过羞涩的野牡丹

秋风送走百花的时候
第一朵腊梅刚醒

行走其实是扪心自问
我究竟是谁

我把这首小诗发到微信朋友圈，与一众山友分享登马峦山的感受，大伙儿纷纷点赞。山东友人吕涛教授留言：走得足够远，就会遇见真正的自己。

附录二

排牙山揽胜

青峰裸石叹巍巍　老树新茅著翠微

悬索待攀危壁上　排牙尽洗野溪归

回看来路千层绿　相送斜阳一抹辉

腿重膝酸谁可解　但温小酒两三杯

青峰裸石嘆巍巍　老樹新茅著翠微
懸索待攀危壁上　排牙盡洗野溪歸
迎看來路千層綠　相送斜陽一抹輝
腿重膝酸誰可解　但溫小酒兩三杯

木木詩　排牙山攬勝　辛丑冬月　育亮

据说，排牙山因其太过陡峭不时有人出事，加上山里的水土动植物资源拥有独特生态价值，出于人身安全和生态保护的需要，没有被列入"深圳十峰"候选名单。不过，论及风光之奇绝，感受之特别，排牙山应不亚于任何一峰，甚至被众多驴友视为深圳诸峰之最。

排牙山位于龙岗区大鹏镇，俗称深圳小华山。此次排牙山之行，让我们亲身感受到了它无缘深圳十峰的两大原因，而且刚好碰上了佐证。一是风险问题。我们到了山下才得知，前几天刚有登山者摔下悬崖，正封山谢客。二是生态问题。我们下山时遇到两个地质科考队员，正沿途采集岩石和土壤标本。

当然，对一般登山者来说，这两个理由都不是他们关注的重点。人们之所以去登某一座山，更看重的还是那座山独特的自然人文风光和登山体验。

惠州南部与深圳东部交界的大亚湾，三面环山，一面向海，海岸线曲折蜿蜒，而尤以西岸为代表。整个大亚湾西海岸，其实是由深入大鹏半岛的两个内湾相连而成，北为哑铃湾，南为大鹏澳。两湾相夹，地势高耸，形成东西向的狭长半岛，如一柄匕首刺破长空，亦如一方熨斗熨平白浪青波。排牙山雄峙其上，置身天海之间，壁立千仞，霸气十足。

东西横亘的排牙山，明清时期曾作为惠州府与广州府的界山，南北两边都是鼎鼎有名的存在。北麓哑铃湾畔的坝光村，是历史悠久的客家村落。遥想当年，客家先民从河源、惠阳一路南迁，来到这块山清水秀的地方，筚路蓝缕，开枝散叶。由于地处偏僻，人迹罕至，这里仍保留着原始地形地貌。百余座老宅虽已人去楼空，但基本架构还在，古韵犹存。老宅后面重峦叠嶂，林木茂密。300 多株银叶古树滨海而生，姿态各异，其中树龄最长的已达 500 多年。银叶树作为珍稀红树林品种，目前仅在日本、印度和中国才有生长。

排牙山南麓的大鹏所城，则是深圳"鹏城"的由来。明朝初年修筑的海防要塞大鹏所城，以及同期落成、毗邻而建的南粤古刹东山寺，都视排牙山为风水靠山。所谓前朱雀后玄武，远望排牙山，裸石凌空，青苍绵延，阴森玄冥，确有龟蛇神兽之象。

从坝光村到大鹏所城，或从大鹏所城到坝光村，翻越排牙山都有相当大的难度。并不是因为山高，707 米的海拔在深圳诸峰中也不过位列第六，而是因为路险，或茅草丛生，或山岩陡峭，很多路段需手脚并用。最陡处有一面石壁，悬挂粗壮吊索，登山者攀岩上下，颇为惊险。

登顶后，是三面环海的景致，视野极为开阔。东面是大亚湾无敌海景，碧波如镜，百屿千姿，轻舟快艇穿梭其间。南隔大鹏澳远眺七娘山，北隔哑铃湾遥望大笔架山，三山夹两水，云霞明灭，分外生动。不过，山路越发地险峻了，基本无路可走，只有嶙峋怪石兀然隆起，数米之外便是绝壁。由于长年累月受海风侵蚀，山顶无树，裸石呈银灰色，酷似一排排巨大的牙齿耸立于海天之间，排牙山由此得名。在这些错落的石峰间攀爬，山友戏称"洗牙"，感受十分奇特，难怪登山爱好者把穿越排牙山视为发烧级穿越线路。

上壁危攀待索悬

排牙尽沉野溪归

攀援

古意

我们这次走的南北线，即从大鹏所城到坝光村。排牙山并不高，但因为没有开发，需要先翻越几个小一些的山头才能抵达山前，所以整个路程还是比较远的。并且，沿途岔路极多，最好有专业人士带路。由于封山，主路不得进入，我们穿过东山寺背后一条布满荆棘的野径，几经周折，才于主路会合。这就额外耗费不少体力，时间也花得多了些。一早就上山，傍晚才下山，几乎走了一天。

下山的路没有上山陡峭，但坡度仍然很大，由于体力透支，好像比上山更吃力。一路上只顾打理酸软发颤的双腿，无心观赏周围的景致。只感觉都是在密林里穿行，繁茂的植被盘根错节，不知其名的野花点缀其中，国家级自然保护区的魅力扑面而来。地质科考队员就是这时候遇到的。攀谈中得知，他们一天要走数十里山路，每隔一定距离收集一些土石，带回实验室分析。作为排牙山的常客，他们三五个月就要来一次，动物学家、植物学家也常来这里采集标本。

临近海边，坡度明显缓了下来，路面也宽了不少。顺着山路，

山高人为峰

一条小溪蜿蜒流淌，潺潺水声透过灌木丛隐隐传来，自带节奏和韵律。溪边的大树和石板，显示出村民生活的痕迹。大伙儿的精神为之一振，肚子也饿了，便加快了步伐。到达停车场，正是夕阳西下时分。这时候，回头望去，刚刚走过的山峰起落有致，都让浓郁的植被覆盖。一抹余晖洒向层层叠叠的树冠，如绿色的云团镶上金边，装点着这海天交接的妖娆。

我们立秋登山群通常是不聚餐的，但今天饭点已到，群友向北兄在七娘山下开了一家客栈，大家便相约前往。温一壶老酒，切两盘酱牛肉卤猪头，拍几根黄瓜，欢声笑语间，所有的酸痛和疲惫，都化作幸福的回味……

从客栈出来，已是夜色笼罩。恰逢农历冬月十五日，一轮满月升上七娘山婀娜诸峰，夜空清凉，干干净净。回程路上，轻车如飞，意犹未尽，脑子里浮现出苏东坡《江月五首》中的诗句：

冰轮横海阔，香雾入楼寒。
停鞭且莫上，照我一杯残。

Shenzhen
Ten Peaks
Comprehending this
City from Treks

Mumu

附录三
山水大穿越

雁顶马峦塘朗风
鹏城龙脉贯西东
蜿蜒起伏腾空去
一片嫣红翠绿中

雁填馬無塘胡風鵬
峨龍腾貫西東蜿蜒
却伏猪空去一作嬌
紅翠綠中

本末詩 山為滕城
辛丑冬月 賈震

徒步穿越，是近年来迅速兴起的一种户外运动。深圳地形地貌丰富，山海连城，穿越线路众多。自东而西，有四条线路获得广泛认可：东西涌穿越、三水线穿越、马峦山穿越、梅林之翼穿越。虽然都是郊野徒步径，但各有特色：东西涌穿越的是海岸，三水线穿越的是群山，马峦山穿越的是山水人文，梅林之翼则穿越城市，见证这座南国新邑的成长轨迹。

南兆旭先生对深圳本土自然历史的研究颇有心得，他有个形象的说法："深圳东西海湾环抱，地势西北低东南高，犹如南海边的一条巨龙。"显然，这条巨龙以东南端高耸的七娘山脉为头，以西北部台地丘陵为尾，蜿蜒起伏贯穿整个鹏城。总体上头高尾低，中部则有梧桐诸峰隆起，仿佛龙脊蜷曲，蓄势待发。

让我们从巨龙的头部、中部、尾部分别找出一座代表性山峰，以此为坐标，来讲讲四条穿越线路的故事。首先是大雁顶，作为雄峙深圳陆地最东头的全市第三高峰，代表郊野；其次是马峦山，作为跨坪山、盐田、大鹏三区的大片山地，代表城乡接合部；最后是塘朗山，作为深圳湾超级总部基地的后山，代表城区。

"东西涌穿越"（"涌"亦写作"冲"）位于大雁顶西南脚下，是深圳知名度最高的海岸穿越线。全程约6公里，东起东涌沙滩，西至西涌海湾，基本无路可走，大半路程在海边乱石滩上跳跃前行。有几段羊肠山道，要么在茅草丛中，要么在灌木林里，雨后泥泞不堪，陡坡处需拉绳索上下。更有海边绝壁，悬挂白晃晃的大铁链，游人攀援而上，实为罕见。

这样的路况，几乎每走一步都在找平衡，脚踝非常吃劲儿。所以路程虽然不长，若非专业户外运动人士，走完全程需花四五个小时。而且，自始至终基本无遮挡，夏日前往，如不注意防晒，极易中暑。

可就是这样一条无路之路，每年吸引游客30万—40万人，最多一天7000人。能有如此吸引力，自然是海天绝色。东西涌穿越被《国家地理杂志》评为中国最美八大海岸线风光之一。

沿途天高海阔，凭山傍水，沙滩、岛屿、礁石以及各种海积海蚀地貌发育齐全，湾岬交错，迂回曲折，鬼斧神工，让人叹为观止。

我们第一次穿越东西涌，是立秋后不久。一行6人，上午10:30出发，下午3:00左右到达目的地。是日早晨，三场瓢泼大雨，把天空洗得格外干净。一路上，每被无敌海景吸引，边走边歇，不肯轻言离去。南国骄阳似火，汗流浃背，仍觉不虚此行。尽兴处，一首小诗脱口而出：

裸石　青天

惊涛拍岸

我心所属

一尘不染

"三水线穿越"位于大雁顶西北方，主要路段为深圳与惠州交界线，因起于大鹏三杆笔终于坪山水祖坑而得名。沿途经过三杆笔、火烧天、土地庙、金龟村、水祖坑等地，地名涵盖

惊涛拍岸

裸石

打卡点

金木水火土，所以亦被称作五行线。三水线全程约 18 公里，从海平面起步，累计爬升 2000 余米，有名的山峰就有 30 多个，其中大笔架山、田心山海拔高度在深圳分别排名第五和第七，无名山头不知凡几。上上下下，路程长且路况原始，陡峭处须手脚并用，非常挑战体力耐力，因而被视为深圳驴友毕业线。

当然，风光是极好的。立秋登山群穿越三水线是 10 月底，恰逢南国秋高气爽最宜户外活动的季节。但见丽日朗照下，峰峦蜿蜒曲折，山姿分外挺拔，植被丰茂，岚雾缠绵，漫山遍野的抽穗茅草在秋风吹拂下如火烧半天云。远处或海湾，大大小小岛屿散布，或山乡，高高低低屋舍错落，排遣了山野的单调和孤独。

我们一行 12 人，上午 9:00 从三杆笔下海边起步，傍晚 6:00—8:00 陆续抵达水祖坑附近。途中本有土地庙和金龟村两个下撤点，但无一人撤退。俗话说"三水线，三水线，十驴五伤很常见"，像我们这样的业余登山者，能够全员完成殊为不易。有 3 个队员不同程度受轻伤，多亏了同行的大鹏新区山地户外运动协会巩霄翔先生现场处理伤势，前后奔波照料。临近结束时，又出状况，第二批抵达人员竟然在能看见终点灯光的情况下迷路了。其中两人为探路误入林场，被一群护林犬围吠，好在有惊无险，平安抵达集合点。

此次三水线之行，体验非同一般。第二天起来，大家意犹未尽，忍着腰酸背痛，兴致勃勃地编起了顺口溜接龙：

不容易　不容易
龙精虎猛十二驴
一个不落走到底

不容易　不容易
起起伏伏羊肠道
山头就有好几十

不容易　不容易
茅草丛中手抓树
乱石坡上臀着地

不容易　　不容易

会长奔前又忙后

张罗救护杠杠的

不容易　　不容易

队长一路喊腰痛

偏偏跑到前面去

不容易　　不容易

女侠腿长腰还细

想追也得靠实力

不容易　　不容易

秉烛夜行遇惊险

恶犬狂吠有定气

不容易　　不容易

大腿不听小腿唤

只叹平常太油腻

不容易　　不容易

欲撤未撤好几回

完成打卡更得意

……………

绝望坡

登顶在即

　　"马峦山穿越"位于深圳城区与郊区接合地带，单以一座山而成就一条穿越线路，自有其特别之处。马峦山群峰绵亘，似万马奔腾，不过海拔都不高，大部分在 500 米以下。整片山地呈带状延展，东西长约 15 公里，南北宽约 2 公里，面积约 32 平方公里。山中林木茂盛，生态原始，百年古树比比皆是，四季都有奇花异草点缀，是寻幽探秘的好去处。并且，马峦虽为山，亦以水著称。山南是大鹏湾，烟波浩渺；山北是大山陂水库，水碧如镜；山中则有三洲田水库群和无数溪流瀑布，飞花溅玉，使整片群山充满灵动的活力。

　　正是在这片秀水青山中，人文历史传统源远流长，一脉相承。马峦古村散落着数十栋拥有 600 多年历史的岭南客家民居，罗氏宗祠、赖氏宗祠保存完好，还有碉楼及古井、水塘、百年古樟等。孙中山当年讲学的课室，抗日游击队东江纵队指挥部原址，掩映在参天古木之中。特别值得一提的是，在马峦山西侧，有一大片名为"三洲田"的山间盆地。清朝末年，这里是由 7 个自然村落组成的山寨，人丁兴旺，民风剽悍，孙中山在此发起庚子首义，打响了推翻清王朝的第一枪。几年前，考古队还在三洲田盆地边缘发掘出墓穴、陶窑、制瓦作坊等遗址，宋代遗迹居多，最早可追溯到东周时期。

行走在这些历朝历代的遗迹之间，不由人不畅想深圳百川归流的多元文化脉动：从大鹏所城走来的深圳，是战火锤炼的海防重镇；从深圳墟走来的深圳，是名冠南粤的边贸大邑；从南头古城走来的深圳，是通达五洲的丝绸之路；而从马峦山走来的深圳，是赓续不绝的人文传统。

优美的自然环境，丰厚的历史文脉，勃动的城市活力，铸造了马峦山穿越独特的山海奇观。整个马峦山片区，是深圳首个由政府批复建设的郊野公园，也是全市第一个经专业园林规划设计的郊野公园。公园以生态建设为本，全面保护现有地形地貌和动植物资源，围绕"绿色马峦山，生态健康游"主题，开发远足、观海、赏瀑、品梅等特色户外活动，集旅游休闲、野外健身、自然生态教育为一体。

长期以来，马峦山徒步成了深圳驴友户外运动的起点，颇具标志性。这里距离市区近，自然和人文景观丰富，难度、强度适中，被誉为"徒步胜地"。它还有一个特别之处，是其他穿越线路不具备的。由于山地广阔，峰峦错落，马峦山徒步线路呈网状分布，出入口众多，可随意穿插组合。最为人熟知的是从南部滨海地带出发，入口或选择东部华侨城南景区，或选择大梅沙、小梅沙、溪涌海滩，翻山越岭到达马峦村会合北上，以郊野公园北门为全程终点。路程介于 10—13 公里之间，路况则千差万别，有水泥公路，有人行山径，也有手攀脚登的树丛和崖壁……

如然，马峦山网状穿越线路仿佛一副巨大的恐龙骨架，支撑起这头远古生灵在天海间恣意奔跑。高昂的头颅伸向绿道环绕的大山陂水库，腹部是历史文化内涵丰富的三洲田盆地，四条腿则踏着深圳东部黄金海岸四个著名休闲度假区：溪涌、小梅沙、大梅沙、东部华侨城。头在坪山，脚踏大鹏和盐田，迎着东升的太阳，昂然而立，何其豪迈而浪漫！

"梅林之翼穿越"位于深圳主城区，由塘朗山往东，沿山

马峦山穿越示意图

银湖山入口

缆绳与树根缠绕

路牌也带野性

脊线依次经过鸡公山系四大主峰——塘朗山、梅林山、银湖山、鸡公山。全程22公里，长度为4条穿越线路之最。这条穿越线大致是当年深圳经济特区与宝安县的分界线，以南称关内，以北称关外，迄今仍能在部分路段看到残存的铁丝网、巡逻道、界碑等二线关遗迹。

不过，今天走上穿越线，逶迤东西，俯瞰南北，就城市建筑和市政路网而言，关内关外已很难看出区别了。只是从一些城市地标可以大致分辨出南山区、福田区、罗湖区以及宝安区、龙华区、龙岗区，仿佛在向你讲述这座城市成长的故事。俗话说，南山代表深圳的未来，福田代表深圳的现在，罗湖代表深圳的过去，而关内是引擎，关外是腹地。当你沿着这条穿越线路自西而东走完全程，举目四望，边走边把握深圳城市发展的脉络，会油然升起一种穿越时间隧道的感觉。

梅林之翼穿越线路开辟以前，原本有一项持续多年的越野赛事，也叫作"梅林之翼"。比赛从塘朗山下的龙珠中学出发，翻越塘朗、梅林二山，呈"8"字形闭合，再以龙珠中学为终点。

赛事网上报名，采用半自助方式进行，因其交通便利、线路成熟、报名费亲民而备受欢迎，对越野新手、老手都有吸引力，往往不到 24 小时参赛名额即被抢光。

梅林之翼越野赛道共计 24 公里，单边 12 公里构成"梅林之翼穿越"的西翼。整条穿越线路其实是以"深圳中部郊野径"为基础打造的。这条郊野径的西半段与穿越线路完全重合，东半段本是沿着银湖山的半月形山脊绕东南方下山，穿越线路则只走半程银湖山脊，然后折向东北方的鸡公山脊下山。这样，穿越线路的东翼就改下垂为上扬，呈现跃然腾飞之势。

奇妙的是，穿越线路的西翼与东翼之间并没有山径相连，需要穿过一段城区，大约两公里。这段城区把梅林、银湖二山分开，形成一个巨大的南北向豁口。当年连接关内外、有"一夫当关，万夫莫开"之称的梅林关，就位于此处。如果说穿越线的东翼和西翼恰似鲲鹏张开的两扇翅膀，这个豁口则是鲲鹏硕大的身躯。由此往前，棱台形的莲花山宛若鲲鹏之首，笔直的城市中轴线如百丈巨喙伸向浩瀚南海。感受此形此势，庄子的《逍遥游》不由浮上脑际：

"北冥有鱼，其名为鲲。鲲之大，不知其几千里也；化而为鸟，其名为鹏。鹏之背，不知其几千里也；怒而飞，其翼若垂天之云。""鹏之徙于南冥也，水击三千里，抟扶摇而上者九万里……"

踏上千姿百态的穿越线路，用脚丈量，用心感悟，从地形、植被、风光、气势诸方面品味山水鹏城的独特魅力，并从城市建筑和历史遗迹中感受文脉传承，实在是难得的体验。身为之强健，心为之辽阔，智为之开启，情为之陶冶，不亦乐乎！

后记

　　严格说来，这本书不是写出来的，是走出来的。立秋登山群一众山友用脚步丈量深圳十峰，登高极目，从山里到山外，从郊野到滨海，把对这座南国新城的理解和感悟倾注其中。来了就是深圳人，融入这座以高速发展闻名的大都市，从爱上它的山水开始，是意料之外，却也在情理之中。

　　我 2021 年 7 月初调来深圳工作，陆续结识了一批喜欢登山的朋友。刘伟衡是个热心的香港深漂青年，我们初识于香港，后来因协调深港跨境学童集中上网课的事多了联系。在他的张罗下，七位朋友（另五位是冯志勇、王栋、陈瑾瑜、吕伟、王子夜）相约梅林山郊野径。那天是 8 月 7 日，恰逢立秋，就建了一个立秋登山微信群，以便沟通联络。此后只要天气允许，群友每个周末都会组织一次登山，主体行程便是打卡深圳十峰。"立秋登山"是开放性群组，人员陆续加入或退出，很快增至

20多人，每次登山者都不完全一样。至11月7日游览莲花山公园，深圳十峰全部走完。中间还穿插了东西涌穿越、三水线穿越、马峦山穿越、大浪绿道、大沙河生态长廊等热门驴友项目。每登一峰，尽览自然山水形胜，同时遍查相关资料，领悟蕴含其中的社会文化意义。

大家来自不同行业，为了登山这个共同爱好走到一起。有的参加多一些，有的参加少一些，都觉得颇有收获。联合国世界卫生组织对健康的定义是：健康不仅是没有疾病，而且包括躯体健康、心理健康、社会关系健康和道德健康。行走深圳十峰及相关山海之旅，让我们清楚地意识到，这四个方面的健康都是可以通过登山获得的。

躯体健康乃题中应有之义。登山与其他运动相比，有一个明显的不同，运动量的大小通常不由个人自由裁量。登山是集体行动，互相鼓劲，中途是很难退出的。而且作为有氧运动，登山时身体始终处于积极主动状态。一座山爬下来，身体训练的强度和满足感，绰绰有余。

心理健康是登山运动的特有优势。现代人由于工作、生活压力大，容易滋生各种心理疾病，不走出户外，很难排解。而当你登高望远，天高地阔，绿野长风，奔来眼底，其他再大的事都显出它的"小"来。长此以往，心胸为之开阔，百愁尽消。

人际关系健康在登山活动中也很容易感知到。当你把登山作为一种社交活动，你会发现山友之间的关系是最纯粹的。不需要刻意迎合迁就，登顶是大家的共同任务，有话则长，无话则短。面对青山绿水，一切社会身份都淡化了，每个人都是自然之子。这是健康人际关系的基础。

最值得一提的是道德健康。登山久了你会发现，每位山友都是环保主义者和热心人士。沿途捡拾垃圾，互相支援物资，提醒注意事项，是理所当然的事。我们登大笔架山时，遇到一个运水员，他背水上山，在一些路段摆设水站，下山时则一路捡拾废弃的矿泉水瓶和塑料袋。水站由驴友自愿刷二维码取水，据运水员讲，行山者素质都很高，一般不会取水不刷码，反而会有人比标价多刷一些钱。同行山友黄永升先生在两个水站各刷了 500 元钱，说是为了鼓励他继续做下去。这种善的传递，使登山别具一种教化意义。

南国入秋晚，11 月 7 日已立冬，山中才显出些凉爽来。从立秋到立冬，整整三个月里，我们追寻着山水岭南若有若无的秋意，边走边悟，以深圳十峰为窖，酝酿出觉悟和诗意的琼浆。在行走的基础上，主创人员各自发挥优势，利用余暇，倾情投入。笔者边写作边感悟，于山海之间读出一个生机盎然的深圳，同时，王从成绘画，余海整理图片，巩霄汉搜集资料，并请黄中川、郑育彪先生将文中诗词以书法形式呈现。其他山友也以自己的热心和活力积极参与，成为本书的共同书写者。更有鹏城文化名人尹昌龙博士从书名到内容都给予创造性建议，胡野秋先生欣然作序，著名设计艺术家吴应鸿先生即兴创作"拾峰"字画，韩湛宁先生将其巧妙融入封面创意中，使得这份山海情缘更加厚重而悠远。

美丽的自然风光，独特的文史内涵，妙曼的城市风情，山水载之。深圳十峰山海大观及其人文内涵得以立体呈现，如一株幼苗从鹏城文化绿野中破土而出，实是一种机缘。

立秋登山群

主创人员合影

深圳十峰的由来

　　2020年3月28日至4月5日，深圳市登山户外运动协会与《深圳晚报》联合发起，上万名市民参加网上投票，评选出深圳最有代表性的十座山峰。依得票顺序，梧桐山、七娘山、阳台山、塘朗山、梅沙尖、莲花山、大南山、凤凰山、大雁顶、大笔架山入围。

莲花山

　　莲花山位于深圳市中心，地处福田区北部，主峰海拔 106 米。地理坐标：东经 114°03'，北纬 22°33'。

　　莲花山海拔不高，但山顶广场屹立着邓小平塑像，使之闻名遐迩，成为深圳名山。莲花山上绿浓红艳，四季皆可赏花：春季来临，5000 多株桃花盛开，姹紫嫣红；秋冬季有美丽异木棉，也叫美人树，是公园镇园之宝，花期长达三四个月。

　　莲花山公园占地 194 公顷，东南西北都有入口，南面是主入口。这里是一代深圳人的集体回忆：每逢周末，一家人登上莲花山四下眺望，是我们生活的城市；下山后找一片草坪，爸爸妈妈坐着聊天，孩子开始摆弄风筝……

马峦山

　　马峦山位于深圳市东部，跨盐田、坪山二区，总面积为 32 平方公里，主峰海拔 526 米。地理坐标：东经 114°17'—114°23'，北纬 22°36'—22°40'。

　　马峦山郊野公园群山起伏，属亚热带季风气候，动物品类繁多，自然植被丰茂，沟谷溪流纵横，有深圳最大的瀑布群，千亩梅园万株梅花更是远近闻名。山间散落着保存完好的有着 600 多年历史的岭南客家民居罗氏宗祠、赖氏宗祠，以及孙中山当年亲自讲学之地、庚子首义旧址、抗日游击队东江纵队指挥部等，人文景观十分丰富。坡度不大，风光秀美，地域广阔，自然人文俱佳，是市民休闲健身的好去处。

　　登山口众多，有碧岭入口、大梅沙入口、小梅沙入口、马峦入口、黄竹坑入口、赤坳入口等。

排牙山

　　排牙山位于深圳市东部，大鹏半岛主要山脉之一，海拔 707 米，是深圳第六高峰。地理坐标：东经 114°29'—114°35'，北纬 22°36'—22°39'。

　　排牙山属于以森林生态系统为主，同时包含红树林生态系统的自然保护区，珍稀动植物品类繁多。三面向海，由于岩石长年累月受海风侵蚀，山顶地势陡峭，大大小小的山头像一排排牙齿交错排列，由此得名。

　　排牙山的险峻在深圳众多山峰中首屈一指，故称深圳小华山。但风光极佳，海天一色，幽溟阔远。登山口有坝光龙子尾桥、东山寺、大鹏坳等。

四条徒步穿越线

户外运动八大纪律八项注意
（大鹏新区山地户外运动协会提供）

【八大纪律】
① 服从领队决定，有困难或疑问尽快和领队沟通，遇到分歧一起商量解决。
② 保持团队协作精神，不独自行动，严禁超越带路领队或落后于收尾领队。
③ 养成守时习惯，严禁迟到，勿频繁休息或长时间拍照摄影。
④ 不得冒险，禁止进行无保护攀爬或其他个人英雄主义行为。
⑤ 注意环保，提倡无痕运动，禁止野外用火、乱丢垃圾、破坏植被等行为。
⑥ 尊重当地风俗习惯，以免发生误会和冲突。
⑦ 不伤害野生动植物，遇到危险或迷路时，保持冷静。
⑧ 自己照顾自己，要清楚领队的作用主要在引路、团队管理和必要的安全保障，不能凡事依赖领队。

【八项注意】
① 户外运动前不熬夜、不饮酒，身体不适应取消活动。
② 徒步鞋、双肩背包、运动衣裤、照明用具是基本装备，饮用水充足，干粮适量。
③ 做好个人防护，起步前先进行拉伸等热身活动。
④ 选择有资质的领队，活动中勿跑跳或做其他危险动作，避免受伤。
⑤ 途中休整、欣赏风景或照相摄影时，确保环境安全，礼让通道。
⑥ 保持安全距离，切勿贴得太紧，给前面队友留出空间，亦勿落后太多，以免与队友失去联络。
⑦ 始终保持二人以上同行，不要脱离团队独自行动。
⑧ 活动中如遇突发状况或艰难处境，坦然接受并以积极冷静态度面对。

东西涌穿越

三水线穿越

马峦山穿越

梅林之翼穿越

图书在版编目（CIP）数据

深圳十峰：从山海阅读城市 / 木木著 . −− 深圳：
深圳出版社，2023.1
ISBN 978−7−5507−3599−6

Ⅰ . ①深⋯ Ⅱ . ①木⋯ Ⅲ . ①山 – 介绍 – 深圳 Ⅳ .
① K928.3

中国版本图书馆 CIP 数据核字 (2022) 第 206738 号

深圳十峰：从山海阅读城市
SHENZHEN SHIFENG: CONG SHANHAI YUEDU CHENGSHI

出 品 人	聂雄前
责 任 编 辑	曾韬荔
责 任 校 对	万妮霞
责 任 技 编	梁立新
封 面 设 计	韩湛宁
装 帧 设 计	自留地　交流邮箱：919679085@qq.com

出 版 发 行	深圳出版社
地　　　址	深圳市彩田南路海天综合大厦（518033）
网　　　址	www.htph.com.cn
订 购 电 话	0755−83460239（邮购、团购）
排 版 制 作	深圳自留地文化创意有限公司
印　　　刷	雅昌文化（集团）有限公司
开　　　本	787mm×1092mm　1/16
印　　　张	17.25
字　　　数	100 千
版　　　次	2023 年 1 月第 1 版
印　　　次	2023 年 1 月第 1 次
定　　　价	88.00 元